智元微库
OPEN MIND

成长也是一种美好

Vaincre la dépendance Affective

Pour ne plus vivre uniquement par le regard des autres

戒掉
恋爱脑

战胜情感依赖，
找回独立自我

［法］西尔维·田纳本　　著　彭璐琪　译
(Sylvie Tenenbaum)

人民邮电出版社

北京

图书在版编目（CIP）数据

戒掉恋爱脑：战胜情感依赖，找回独立自我 ／（法）
西尔维·田纳本（Sylvie Tenenbaum）著；彭璐琪译
. -- 北京：人民邮电出版社，2023.8
ISBN 978-7-115-61697-5

Ⅰ. ①戒… Ⅱ. ①西… ②彭… Ⅲ. ①恋爱心理学
Ⅳ. ①C913.1

中国国家版本馆CIP数据核字(2023)第074813号

◆ 著 ［法］西尔维·田纳本（Sylvie Tenenbaum）
　　译 彭璐琪
责任编辑 张渝涓
责任印制 周昇亮

◆人民邮电出版社出版发行　　北京市丰台区成寿寺路 11 号
邮编 100164　电子邮件 315@ptpress.com.cn
网址 https://www.ptpress.com.cn
天津千鹤文化传播有限公司印刷

◆ 开本：880×1230　1/32
印张：7.75　　　　　　　　2023 年 8 月第 1 版
字数：250 千字　　　　　2025 年 9 月天津第 8 次印刷

著作权合同登记号　图字：01-2022-6745 号

定　价：59.80 元
读者服务热线：（010）67630125　印装质量热线：（010）81055316
反盗版热线：（010）81055315

本作品在洛尔·保利（*Laure Paoli*）的指导下发表

谨以此书献给所有我深爱的人，你们的善良与智慧让我惊叹不已。

祝愿你们在生活中一切顺利。

当渴望变成需求，人们就进入依赖的阶段，会表现出耐受性，即需要增加安慰的剂量，如果停止获取则会出现戒断症状。一旦从"使用"发展到"滥用"，再发展到"依赖"，人们就不会再有任何乐趣。即使有一些残存的快乐，也已经是一种疾病……可能是爱的疾病。

米歇尔·雷诺（Michel Reynaud）

我们喝的所有刺激性饮料，都只不过是一种替代品，用以代替使人陶醉于爱情的独特且仍待探究的快乐素（多巴胺）。

尚多尔·费伦茨（Sandor Ferenczi）

唯一不会让人空手而归的旅程，是内心的旅程。

阿摩司·奥兹（Amos Oz）

目　录

第二章　摇摆不定的感觉：爱的黑洞

第三章　摆脱情感依赖：承担爱的责任

---

1 见智元微库公司网站：www.zhiyuanbooks.com. 如有需要，请前往网站下载参考文献内容电子版。—— 编者注

导论

"依赖是令人烦恼的，甚至导致麻痹、破坏或侵害。"

阿尔贝·梅米（Albert Memmi）

　　人首先是一种社会存在：我们都在情感上有所依赖，我们不仅需要彼此，还需要知道自己是被爱着的。这是一种很正常的依赖：情感、依恋、认可和赞许，以及由人际关系产生的情绪，都是不可或缺的重要组成部分，一旦缺失，我们的身心健康都将处于巨大的风险之中。每个人一生中对情感食粮的需求都并不少于物质食粮，"许多重要的需求是在与同伴的交际中获得满足的"。

　　当谈论病态的情感依赖时，我们会顺理成章地谈到成瘾，因为它是人们为了"暂时掩饰内心被折磨产生的严重后果"而使用的最后手段，这种折磨往往来自个体生命早期，甚至是新生儿时期遭受的创伤。

　　那些有问题的或病态的亲子关系，让个体生命的开始阶段充满难以言喻的痛苦，给幼儿带来强烈的不安全感，而这种不安会在其青少年和成年时期相继显露。由于这种形式的依赖在情感和情绪方面都有严重缺失，不能满足儿童的基本心理需求，因此会让人们在成年后遭受有问题的，甚至病态的情感依赖之苦。

这种依赖为其他成瘾提供了条件，即成瘾往往是病态情感依赖的后果。成瘾对象可能是销售的产品，比如酒精、烟草、凭处方出售的各种精神类药物；也可能是违禁产品，比如毒品、兴奋剂和蛋白同化制剂。成瘾对象也可能是一些行为，比如食物成瘾（无论是厌食症还是暴食症）、游戏成瘾（网络为人们提供了广泛的选择，游戏的数量和获取渠道变得越来越多）、性成瘾、运动成瘾、工作成瘾（拼命工作的人被称为"工作狂"）以及对金钱、社会声望或权力的狂热追求。

除此之外，成瘾还可能指永不满足地追求爱。我想明确一点，只有当产品或行为被自动且刻板地用于填补缺失时，我们才会使用"成瘾"一词。一个人一旦再也离不开选定的目标或物质，他便成瘾了。

病态情感依赖者幼儿时期就遭受了严重的深层情感缺失，他们无法爱自己。因为不爱自己，所以他们向外部寻求自己于内在找不到的东西。出于自我厌恶，他们陷入这种病态。他们伺机捕捉赞许和爱的标记，捕捉心理满足的迹象，以此获得个人价值感，确认自己的存在。他们会在他人身上寻求爱，用于填补过去乃至现在内心仍存在的巨大空洞，驱赶面对孤独的恐惧。

然而，他们永远无法完全满足。早晚有一天，他们不得不去咨询医生，而医生通常会给他们开抗抑郁药和抗焦虑药。药物可能缓解他们的症状，但无法真正解决问题。他们也不会想到咨询成瘾医学专家，因为在自我疏离之后，他们无法意识到自己究竟为什么没有能力获得快乐。他们只能看到自我异化[1]的现实和自己对他人的需求，并希望得到满足。由于他们的行为不符合自己的目标，其他人也厌倦了他们过度的要求，他们的生活逐渐变成"地狱"。随着缺失感加剧，"剂量"开始变得不足，这个恶性循环最终又回到了他们无法爱自己的现实。于是他们开始抑郁、焦虑、失眠，并出现各种躯体化症状[2]，最终不得不再次求助于医生。

接下来，我们首先将看到有问题的和病态的情感依赖者是如何通过他们的行动，表现出真正的病态依恋和情感不成熟的，后者通常沉溺于他人并且越陷越深；其次，我们将描述哪些因素促成了他们童年时期的这种依赖，以及这种依赖给他们的情感生活带来了哪些深远的影响（他们自己似乎想忽视这些行为的深层原因）。最后，我们将讨论治疗方法，让他们能够了解自己是为什么以及怎样陷入这种情感依赖的，以及他们如何改善与自己、与他人的关系，以便从依赖中解脱自我。

---

1 精神分析学术语，指主体不再认识自己或只能通过他人识别自己的状态。——译者注

2 情绪问题或心理障碍转换为头痛、胃肠不适等躯体症状。——译者注

第一章
关系的病态：对爱上瘾

对方成了舒缓、安神的药物，用来解决我们的童年问题。
他不再只是我们所爱的人，而是我们赖以生存的氧气。

　　我把本部分命名为"关系的病态"，因为这正是其探讨的主题。尽管所有人都需要借助情感食粮达到内心的情感平衡，但这种需求并不意味着病态的依赖。只有在那些有情感缺陷的人身上才会出现这种情况，他们的行为和功能障碍会让这个问题恶化。病态情感依赖是控制内疚、抑郁或焦虑的失败尝试，这也是滥用药物导致的共同特征 [1]。"爱情毒药"的说法不无道理……人们被淹没在对爱的寻求中，失去自我，这与沉迷于改变意识状态的麻醉药品的过程是相似的。因此，病态情感依赖以及随之而来的抑郁、焦虑和失败感，是引发所有其他成瘾行为的根源。成瘾者变成了其消费对象的奴隶，无论这个对象是人、行为（比如工作成瘾），还是产品。

　　我认为这种关系是病态的，拥有这种病态关系的患者所构建的依赖形式是永远无法被满足的。并且，对他人的过度关注导致患者在他人身上的异化，即只有他人才能赋予他们存在感。他们对爱的需求强烈到病态的程度，这是一种占有性的爱，一种苛刻的爱，一种根本不能称之为"爱"的爱，这种爱像个吸血鬼一样具有破坏性。被爱的对象被完全理想化，他们并非因其本性被爱，最终只是

---

1 一些心理学专家指出，"情感依赖"实际上"并不出现在任何一个严肃的医学分类中，但是它的身后可能隐藏着依赖型人格障碍这种严肃的心理问题"，故下文将病态情感依赖者称为患者。——编者注

沦为一个工具、一个贩卖爱情印记的商贩。患者利用对方舒缓痛苦并减轻自我厌恶的情绪。很明显，任何关系都不可能在这样的土壤中成长和发展。病态情感依赖患者是自恋的，在没有意识到这一点的情况下，他们不断地从别人那里寻找认可和赞许的迹象，以确认自己有价值，这可能让他们产生一种模糊的自尊感。他们为这种病态关系付出了高昂的代价，任何持久的爱都无法在这种执念中幸存。他们为了获得爱而做出的众多牺牲，最终只会激起他们的愤怒和怨恨，而从各方面考虑，对方都无法欣赏他们的真正价值。这种关系的病态直接源于情感依赖者的一种信念：他们的个人价值感和幸福感只能来自外部。

不惜一切代价取悦他人

你可能已经注意到，即使一些人并不真正了解你，他们行事时也像是你最好的朋友。其实，他们只是想取悦你。当你发表意见时，他们点头赞同；当你提出请求时，他们急于满足；当你抱怨或诉苦时，他们充满同情地倾听、给你建议；当你对别人对你做的事感到不满时，他们立刻站在你这边，抨击那个让你不快的人（无论他们认不认识）。病态情感依赖者在生活中的唯一追求就是不惜一切代价取悦他人，以建立良好的人际关系，并由此获得爱、赞许与认可。有些词句似乎并不存在于他们的词库中，比如"我不同意""不""我不能""我不想""你错了"……为了能取悦对方，他们首先要专注于对方喜欢的事，专注于以"正确"的方式照顾对方情绪，关注并重视对方的兴趣。

◎　情感依赖型人格的国际标准[1]　◎

在《精神障碍诊断与统计手册（第四版）》中，只有"依赖型人格"被列为人格障碍[2]。然而，"依赖型人格"与有问题的和病态的情感依赖型人格具有共同特征，拥有这些人格的个体无论是在夫妻关系中、家庭关系中还是在朋友关系中，都存在"顺从行为"和"分离恐惧"。还有一些表现也是相同的，比如：因为害怕失去赞同或被否认而难以表示不同意见，对自己的判断或能力缺乏信心，当独处时感到非常不适或无力，为了被爱甘愿接受不愉快的甚至带有贬低性的任务，以及在前一段关系刚结束时便迫切寻求另一段关系。这些人不切实际地担心自己孤身一人，这种恐惧促使他们千方百计地避免这种情况发生。他们生活在被遗弃的恐惧之中（虽然"遗弃"这个词实际上只适

---

1 本部分提及的人格障碍的国际标准均来自由美国精神医学学会编著的《精神障碍诊断与统计手册》（*The Diagnostic and Statistical Manual of Mental Disorders*，简称 DSM）。——译者注

2 人格障碍指"明显偏离了个体文化背景预期的内心体验和行为的持久模式，是泛化的和缺乏弹性的，起病于青少年或成年早期，随着时间的推移逐渐变得稳定，并导致个体的痛苦或损害"。——译者注

用于儿童）。每当他人表达批评或表现出不赞同时，他们脆弱的自尊心就会深深受到伤害，甚至彻底崩溃。

早在 1952 年的第一版 DSM 中，作者便已经将"依赖型人格"归为一种被动攻击性人格。其主要特征是将自己的需求、愿望和欲望异化为他人的需求、愿望和欲望的行为，以及在孤独的情况下产生的低自信和低自尊。这种归类在 1968 年的第二版 DSM 中没有出现，在 1980 年的第三版 DSM 中作为"依赖型人格"的独立类型而重新出现，并不再归属于其他类别。

第三版 DSM 是这样解释的：造成这种病态的因素可以追溯到个体幼年时期，分离焦虑是主要因素之一。当有问题的情感依赖变得病态时，患者可能遭受情绪障碍、变得焦虑甚至陷入抑郁。

尽管有问题的情感依赖者表现出对他人的高度关注，但他们在大多数情况下**对自己的欲望和愿望充耳不闻**。他们倾听别人的欲望和愿望，而非自己的，这导致他们长期以来十分压抑。他们试图通过服从自我施加的指令来取悦他人（在这方面，他们的教养帮助了他们），他们按照自己认为"应该的方式"，而不是自己内心的想法行事。对于他们而言最重要的是**维护形象**，即他们想展现给他人的形象：一个无私、善良、慷慨、乐于奉献、富有同情心、随叫随到的形象！但在这个形象背后，他们的需求和愿望被扼杀或被囚禁在枷锁之中。他们害怕那些日复一日给他们带来安全感并赋予他们存在感的人不高兴，哪怕这种（幻想的）安全感是以自我遗忘、自我抛弃的高昂代价换来的，哪怕这种安全感一直很脆弱，哪怕有时他们因此而失眠，哪怕有时这种安全感会导致成瘾行为……他们只想借此忘记因不被爱、不被喜欢以及独自一人而产生的恐惧。

　　为了让对方感受到自己的存在，为了让自己有点信心并赋予自己一定价值，情感依赖者必须改变自己，不暴露自己，并掩盖自己那些人性化的"缺陷"，比如他们的情感和需求，他们不能错过被爱、被欣赏的机会。这是一种可怕的瘾，需求在不断增长，情感依赖者永远无法满足，最终，对方安慰的剂量已经不足以让他们对自己的取悦能力感到放心。他们用这种能力吸引他人对自己的关注，以便遗忘空虚和孤独的恐惧、自我厌恶的情绪、无法被爱和一无是处的巨大无助感。他们从对方目光中读到的片刻的爱与认可只是支撑脆弱自尊的义肢，是他们唯一的食粮，它值得，因为它证明了他们的存在。

追寻爱、赞许、认可

　　"如果我足够慷慨、有价值、乐于助人、随叫随到、愿意倾听，我就会被爱"，病态情感依赖者对此深信不疑。正是对方让他们知道自己是一个"好"人，一个"可爱"的人，而"可爱"的基本含义就是：值得被爱。不断地给予关注、支持和陪伴，会让一个人在私人生活（家庭、朋友、伴侣）和职业生活中获得认可。"我一定会非常爱那个懂得如何爱我、欣赏我的人！"这是病态情感依赖者的信条，他们会做任何事情来表明或证明对方爱自己或认可自己是完全正确的。对于他们而言，牺牲和忘记自我都不算什么，自己所做的一切都是为了取悦对方，最重要的是不能惹对方生气。

　　莱昂纳尔，48岁。近30年来，他的情感生活一直都是一场真正的噩梦。他独自生活，他说："我通过充实生活来逃避孤独。"被遗弃的恐惧从未离开过他，他总被那些"要求过高"的女人吸引，而她们从不感激他为她们所做的一切。他承认自己患有"急性唐璜症候群[1]"，追求女人让他陶醉，并使他能够忘记自己最初的悲伤。当工作让他忙到想自杀时，他会把大部分的时间花在约会上，这样他就会有一种被许多女人包围的错觉，以填补空虚，逃避孤独和无聊。

　　"我一直生活在对方的欲望中"，他说，"而实际上，我觉得自己很沮丧。和我的女性朋友在一起时，我就像在恋爱中一样，很快与她们变得亲密无间，我不知道如何设置保护自己的界限。我有时非常害怕自己不够有吸引力。我还有一个无法愈合的溃疡……我每次都对女人感到非常失望，对她们很生气，对自己也很生气。我知自己我在感情上很不成熟，但为什么我总是选择那些不理解我的女人呢？"

---

1 指男性的一种病态地渴望征服异性的欲望。——译者注

　　莱昂纳尔几乎永远生活在一种不被爱、不受欢迎的焦虑中，他把这种焦虑转移到工作表现上。他至今也无法从很久之前的一次重要比赛的失利中走出来。他的形象对他而言非常重要，一旦形象受到贬低，他就再也无法振作起来。他充满恐惧，也感到内心深处有一种巨大的愤怒。他用与他的痛苦成正比的"语言暴力"来表达这种愤怒，再像躲避瘟疫一样躲避冲突。

　　莱昂纳尔深感不快，他不爱自己，也不知道多欣赏自己对他自己有什么好处……

　　病态情感依赖者的"行为规则"不断地支配着他们对他人的行为。他们会选择奉献（自己的时间、精力、人、钱），承担他人的问题（无论对方是否表达了意愿），为他人的幸福负责，不惜一切代价避免分歧和冲突，避免不愉快和被批评，隐藏自己的情绪和欲望，始终保持良好的心情；他们也会随叫随到，善解人意，有同情心，有怜悯心。"只要我让对方快乐，我就快乐"，言下之意就是，只要他需要我，他就会喜欢我。因此，病态情感依赖者学会了顺应他人的欲望（他们自认为的欲望），以满足自己的需求（他们极少承认自己的需求），而他们唯一真正重要的需求就是被爱。

情感依赖不仅是女性问题

几个世纪以来，一些女性都在被告知两件事：为了能找到丈夫，要讨男人欢心；为了不被拒绝或抛弃，应完全顺从他们的欲望，她们自己的幸福并不重要。她们就是这样被"格式化"的。她们引诱男性并屈服，同时在这个过程中异化自己的人格。文学作品中不乏这样的例子！正如艾丽斯·米勒（Alice Miller）写道："女性已经准备好用她们的温柔回报屈辱和暴力。"她们被引导成为病态的情感依赖者，但这不仅仅是女性要面对的问题，这种情感依赖在男性中同样存在。人们对被抛弃的担心（对一些人来说是恐惧），对分离以及无法掌控自己、无法自主的焦虑，是不分性别的。

为了获得爱以及在奉献后得到欣赏、感激、赞许和认可，病态情感依赖者完全放弃了自由，并长期压抑自己的感受和情绪，直到生病。患者吕斯说："如果有必要，我会把自己变成拖把，只要我能被爱。"他必须一次又一次地取悦他人，因为他人的友谊和爱对他来说至关重要。他不问自己对这些人有什么感觉，甚至不问对方真正想要什么。他只会把自己想得到的东西给对方，他们也不想知道对方想从他那里得到什么。如果有人向他解释每个人都是独一无二的，他会对这些话置若罔闻，因为这将迫使这位爱的"专家"质疑自己。如果他失去这份爱、这份认可，如果对方的目光从他身上移开，他会崩溃。他会崩溃在对自己的蔑视中，并通过再取悦新的对象获得康复。"这种对存在感的吞噬[1]需求和令人无法忍受的凝视完全一致。"许多作者描述了他们在这些病态依赖患者身上发现的**贪婪**，它和戒断症状完全一致，而后者指的是物质成瘾者缺乏那种物质时的状态。

一些病态情感依赖者在无休止地寻求认可的过程中变成了"工作狂"，他们完全依赖工作，因为工作能给他们带来更多的认可和重视。他们不仅从不畏惧任务，还经常承担同事转交给他们的工作；他们非但不拒绝这些额外的工作，还会想到同事的个人困难。他们永远无法确定别人是否欣赏自己，永远无法平静，也不会给自己喘息的机会。他们必须帮助、支持、鼓励、倾听、同情和安慰他人，却从不为自己争取什么。

人们经常谈到病态情感依赖患者的"自恋型人格"。请记住，原发性自恋其实指婴儿的全能感[2]。当母亲和孩子之间的融合停止时，继发性自恋就开始了。孩子会从爱他人退行到爱自己，以补偿爱的损失。这种转变是合乎逻辑的，因为所谓的自恋型人格也体

---

1 吞噬，指在主体与客体的关系中，焦虑和吞噬的欲望占主导地位，主体试图以认同的方式被纳入客体的幻想。——译者注

2 在精神分析学中，全能感指婴儿由早期的一些幻想产生的无所不能的感觉。——译者注

现了自我中心主义。根据第四版 DSM，自恋型人格的主要表现是：需要被赞扬、缺乏同理心、幻想理想的爱情、需要过度的爱，以及喜欢利用他人。与病态情感依赖者一样，具有自恋型人格的患者经常嫉妒他人，有操控倾向，并拥有多段短暂的爱情。他们有躯体化焦虑症，大部分时间情绪低落，并有成瘾行为（比如酗酒等）。

工作狂

在这样一个竞争激烈、崇尚业绩、追求卓越和工作不稳定的社会中，无论职位高低，大部分人都像坐在"弹射椅"上一样。当个体经营者尚不知道自己能够坚持多久时，工作狂的队伍却愈发壮大。有什么更好的方式可以帮自己获得认可，为自己树立有价值的形象呢？有什么更好的方法能让人感觉到自己的存在呢？疯狂地工作并不总是为了挣钱。我们几乎每天都会遇到这种人：他们总是带着工作手机和电脑去度假（至于去哪儿无所谓，反正他们也不怎么喜欢度假），以备不时之需；他们随时可以为工作牺牲个人生活（家庭、朋友和社交），把生活与工作混为一谈，这些都是"工作狂"的特征。他们被吹捧、被恭维、被奉为榜样，仿佛这是他们成功的唯一途径。

然而，成瘾医学专家和心理治疗师很了解他们：他们对工作有病态的依赖。他们有一些明确的临床表现：偏头痛、高血压、心脏和肾脏问题、消化不良、胃痛、失眠、易怒、攻击性强、冷漠、悲伤、易怒，出现行为障碍以及厌食或暴食症状。当抗抑郁药和抗焦虑药不再有效时，他们就会"崩溃"，变得倦怠、抑郁、焦虑。他们并不理解真正原因所在，坚信只要自己有雄心壮志便将在社会中出人头地。这种疲惫既是生理上的，也是心理上的。从这些男男女女不再认真考虑自己私人生活的那一刻起，工作成瘾的问题就悄然而至。

工作狂在无意识地进行自我疗愈（所有成瘾者都是如此），全身心投入工作。他们不再去感受，并避免与自己发生任何冲突。他们多半出生在一个成功和效率占价值观主导地位的家庭中，这不可避免地导致他们在构建积极的自我形象时形成了重大缺陷。他们出现过激状态是为了在一段时间内成为超越自我的现代英雄，他们认为，只有依靠工作能力，自己才能获得认可、爱和赞许。这就解释了为什么当他们的成绩不理想时，当他们难以集中注意力时，他们会感到沮丧。因为他们即使在为取得的成就感到自豪时，也无法确定自己能否将这种成功维持下去，他们的焦虑感会将自豪感吞噬殆尽。工作狂对自己的身心施加暴力，因此很容易陷入抑郁，最终代偿失调。有时这种代偿是以一种出乎意料的方式进行的：服药过量。他们信念坍塌，失去了存在的理由——被认可。不过，从积极的一面看，他们终于有机会照顾自己了。

即使他们的情绪看起来相当平静愉快，给人一种高自尊的印象，一切也只是表象，因为他们有很强的自制力来掩饰被批评、不高兴和被拒绝带来的恐惧，这种每时每刻的掌控感未必总能抵制无法控制的愤怒。在生活关系中，他们很少察觉感情的细微变化。根据第四版 DSM，在他们看来，他人要么是受他们欣赏的，要么是对他们有用的，要么是受他们鄙视的。我们将在许多案例中观察到这种情况。通过分析他们的童年，我们可以理解这种病态：他们的发展停滞在以需求为中心的阶段。这意味着，作为成年人，他们是以自我为中心的，他们不会质疑自己的智商。

自恋型人格的行为方式有时类似于表演型人格障碍患者。事实上，他们几乎无时无刻不在寻求他人的关注，并总是想要炫耀、引诱（引诱已成为一种真正的需要，即取悦的需要）、吸引他人注意或得到同情。他们必须成为众人瞩目的焦点。这些人的自我中心主义非常突出，他们对他人的依赖显而易见，对挫折的零容忍也可能使他们抑郁。

完美主义的陷阱

无法做好所有事是可耻和屈辱的。完美，是一个许多接受治疗的患者都难以摒弃的理想。这类患者认为，如果自己不完美，人们就可能不喜欢甚至抛弃他们。他们会觉得辜负了父母，或至少让父母失望了。他们（很久以来一直）被禁止拥有犯错的权利，或者需要为错误付出昂贵的代价。正是出于这种担心，对某些人来说甚至是恐惧，他们被迫走上了通往虚幻的完美之路。稍有不慎，这条路就会变成一条充满嘲笑、蔑视和责难的路。那他们美好的形象会变成什么样呢？如何才能重新获得他人的信任、重视和尊敬呢？完美理想带来的持续压力让他们脖子拉伤、双肩僵硬、腰酸背痛、睡眠混乱，但那又怎么样呢？这种"理想病"约束着他们的行为。它专横而苛刻，使他们处于极端成瘾的状态，并避免他们陷入因失败或错误而引发的抑郁。

夏洛特刚满 40 岁，作为一名公司经理和两个年幼孩子的母亲，她的生活就像一股"龙卷风"。她是个工作狂，要操心员工的福利，并为此倾尽全力，但这并不妨碍她努力成为一个"完美母亲"。她对孩子非常投入，同时也是"完美主妇"和"完美伴侣"。她和丈夫一起生活了 7 年，而丈夫有严重的成瘾行为。

"我曾是一个被生活优待的小女孩，我害怕付出代价。即使这种恐惧有时让我无法动弹，我还是努力做到最好，以表明自己不是忘恩负义的人。的确，我必须承担一切，但我特别不希望任何人同情我。毕竟，我要受苦才能成功，不是吗？我必须最大限度地利用我所得到的一切。我面临的唯一困难是和丈夫的关系，他有时很有魅力，但大多数时候他都在批评我。他说我不是一个好母亲，没有好好照顾家庭，他觉得我对员工太好了。我竭尽全力，却永远无法指望他。我不会因为他酗酒而责怪他，我只是不想让孩子们在他状态不佳时看到他。也许我不够善解人意，也许我对他要求太多，他在各方面都给了我很大的压力，但是我真的尽力了……我唯一的社交场所便是职场，我遇到很多似乎挺喜欢我的人，这真好。我不明白的是，为什么我总是被有严重精神创伤的人所吸引……

"我总是对自己不满意，尽管我觉得自己已经尽力处理好了一切，就像小时候在家里一样。我曾是一个非常乖巧的孩子，一个没惹过麻烦的少女，但家人总是取笑我，因为我有强迫症，我每天至少要洗三次澡，大家都觉得这很可笑。我的母亲甚至让我分摊水费。我一直生活在'内部紧急状态'中，有时只是为了让大家都开心……"

"只有完美才能给我带来生活所需的爱和认可"，这是病态情感依赖者的信念。这样的理想不会给予他们许可，只会加强禁忌感和加重义务，无论是在外表、行为还是在语言上。他们的情感生活被封闭起来，他们必须对自己的感受保持沉默。他们被允许表达的，只有取悦他人的喜悦、成功后的满足和在对方痛苦时感受到的悲伤，因为只有他人的情绪才是重要的。这些病态情感依赖者就像染上叶子颜色的变色龙，为他人的幸福而高兴，为他人的不幸而难过，无论如何他们都是这样想的，但他们的完美理想已经把他们自己与内心深处的真实感受割裂了。他们看起来脾气平和，符合他们认为的别人对他们的期望。实际上当谈及自己的情绪时，他们只会满足于让他人快乐，或者能够帮助他人获取幸福感。

另一种病态情感依赖症状更隐蔽。那些大声宣称自己不需要任何人，而且很关注自己的需求和欲望的人一般属于这种类型。他们有时能很好地满足自己的需求和欲望，以至于有人会指责他们自私或以自我为中心。如果有人诊断他们有情感依赖症，他们会大为不解，并矢口否认。他们并非一味地寻求爱或认可，而是非常擅长表达自己的想法、情感和愿望。通常，他们过着单身生活，享受着舒适和自由。当他们恋爱时，在最初的激情散去之后，他们很快就体验到窒息的感觉。他们觉得压抑，好像随着时间的推移，伴侣渐渐束缚了他们。一段时间后，他们将难以忍受这种情况，最终关系破裂。有一种描述虽然浪漫，但很适合他们："我内心至少有两个女人，一个在迷失与绝望中觉得自己快要溺水了；另一个就好像是在舞台上，隐藏了自己的软弱、无力和绝望的真实情绪，示人以微笑、活力、好奇、热情和关注。"

38岁的弗洛朗斯的案例是这样的："我差点坠入爱河，是笔直地坠入，但某种求生本能拯救了我的生命和我的心。我喜欢这个人，我很爱玩，所以我决定要和他开心地玩。我唯一要面临的难题是如何不会引火烧身，如何使自己免受新的伤痛。

"我们过了河，像年轻人一样在河岸上亲吻。是的，我喜欢他（小心，不要做不可逆的决定）。我们肌肤紧贴，有灼烧感，它并不持久，也不会持久，时间转瞬即逝。

"很快，我们将不得不拒绝、躲避和说不。我们不想越过神圣的河流，为了不受太重的伤。很快，非常快，越来越快地，我的春天将尝到夏天的味道。我的生活就是这样的，它很复杂，我选择那些闯入我的生活并因此扰乱我的男人，认为他们就是我想要的。

"从肌肤的细腻味道到风吹雨打的伤痕……它给了我精美的文字、美好的回忆和疲惫的明天。我非常清楚如何扮演一个不依恋并保持距离的女孩角色，那就是给自己规定一个安全距离。但有时，我越发觉得自己失败了。我变得动摇、踌躇着，但感觉内心深处有新的东西在萌发，它或许能支撑我，能让太阳在下雨天散发光芒。有时，在我内心深处，我觉得一个故事正在诞生，但我仍然保持冷静，我不想听到自己走在碎玻璃铺成的地毯上吱吱作响。我始终昂首挺胸，不顾一切。"

大多数时间，这些女性在生活的各个方面都表现出自主性和独立性，并且绝不消沉。然而，她们在爱情生活中却不断地分手，她们害怕做出承诺。弗洛朗斯一直害怕承诺，她形容自己"要求高且太急躁"。"我保持距离以保护自己。我总是退而求其次，害怕受伤。而我最害怕的是以'寻觅爱情的女人'的身份与人约会，我不希望男人对我有这种看法。我不愿男人发现我不完美的缺点。我的青春期经历加剧了我的内疚和自我贬低情绪。我父母把他们的爱情搞得一团糟，我看到母亲受了那么多罪，以至于我害怕爱情。然而，有时我又会梦想有一个爱我、保护我的男人。我多希望母亲告诉我她相信并爱我，因为我是我；我希望父亲告诉我他认为我很聪明……"女性对"完全"独立的强烈渴望会让她们在寻求爱情时倍感不安，她们四处碰壁，迷失方向。恋爱时，她们经常对（在她们眼中）低质量的爱情交流感到失望和沮丧，她们宁愿保持沉默，对朋友也选择闭口不谈。

> 36岁的安娜贝勒说："青春期结束后，我一直非常害怕爱上谁，害怕在爱意柔情中迷失自我，害怕暴露自己，害怕脆弱感。尽管如此，我还是不喜欢独居，我几乎每天晚上都出去与男男女女见面，甚至有一段时间我担心自己社交成瘾。然而在白天，我沉默寡言，相当阴沉，且让人难以接近……"

那么，为什么我们要对这些人谈论病态情感依赖呢？她们自主、负责、非常善于照顾自己、绝不离群索居并且显然不害怕孤独，究其原因在于她们的童年。她们无法表达任何欲望，更不要提满足欲望了。她们"被允许"的想法、思想和感受很有限，她们的父母在这方面表现得非常专横，阻碍了她们个性的发展，以至于她们很难将亲密与爱、承诺与真实的爱联系起来。对方的要求往往被视为侵扰，爱意的表达被视为阻碍其独立的障碍。她们极力捍卫独立，不惜以孤独为代价。为此，她们经历了一场特别痛苦的内心挣扎，在爱与被爱的渴望与来之不易的独立之间摇摆不定。她们避免表达自己的欲望和情感，避免提出要求，担心那样会暴露自己，并且要承担自己的脆弱性。

她们常常满足于"表面"关系，在这种关系中，感官快乐几乎就是全部。然而，在内心深处，她们不明白为什么自己只会"爱上"那些无暇陪伴她们的人，为什么自己总是"第二位的"，为什么自己总是孤独的。

过度适应对方的欲望

病态情感依赖者臆想他人对他们的判断，并据此思考和决定自己的行为，然而这种判断必然是假定的。他们还对他人对自己的期望作出假设，并据此进行调整。由于他们必须保持完美，所以也必须对自己以及对方保持沉默。为了维护形象，在面对批评、负面评价、不同的想法、完美关系的破坏和不融洽的气氛等时，他们必须缄口不言，甚至什么都不能想。病态情感依赖者被束缚着，枷锁正是他们在所有事情上取悦他人和获得认可的强烈需求。他们认为，重要的不是他们的欲望（他们只有在十分孤独时才会意识到自己的欲望），而是对方的欲望。他们认为，他们的想法不会让任何人感兴趣，而且会冒犯对方。对方可能抛弃他们，不再将目光投向他们，然而这目光正是他们感受存在和赖以生存的必需品。

如何识别病态情感依赖者

要诊断自己是否有病态情感依赖的人格，必须考虑以下几个因素。首先，有着非常低（甚至不存在）的自尊，对被爱或被高度重视的强烈需求，以及这种需求带来的直接后果，即对分离的由衷恐惧。患者认为分离等同于被抛弃，即不被认可，而这正是他们所无法接受的。其次，其他因素的存在对确认此类人格而言也很重要，比如个体经历关系破裂的方式，无论他正处于亲情、友情或爱情中，还是处在丧亲的情况下。对于丧亲者来说，所谓的反应性抑郁症被认为是"正常的"，并且是可以被战胜的。但大多数情况下，病态情感依赖者的抑郁情绪会在生活中累积、沉淀，无论它们是否被识别或确诊。

最后，我们还需要考虑一个因素：个体面对孤独感到的焦虑。这会导致他们近乎强迫性地追寻其他关系（朋友或恋人）。他们无法想象自己与他人没有任何情感关系的情况。

因此，这些病态情感依赖者严重扭曲他们最深层的真实身份（这种行为非常有害），他们以此为代价，适应对方的欲望，并且是一种**过度适应**，就像小孩害怕失去他们唯一重要的爱，即父母的爱一样。即使他们是因为非真实的自我或者因为强大的角色扮演能力而受到表扬和喜爱，那也无所谓，毕竟最重要的是被表扬、被喜爱甚至被欣赏。即使他们的行为违背了他们的一些价值观也无所谓，只要让对方满意就行。就这样，他们突然发现自己坚持的不是自己的想法，表达的不是自己的真实想法。他们可能故意撒谎以免遭反对，从而保护自己的形象，并完美地扮演角色。

他们不知道自己真正的想法。这就像别人编写好对话，组织舞台角色，而他们并不知情。病态情感依赖者没有自发性的权利，他们只会作出反应。他们的言行是对对方的回应，是对方期待的、希望的、所说的、所做的和所想的。即使他们给自己主动权，那也只会和对方有关，即什么能取悦对方，什么能满足对方，使他不会转身离开。为了避免不快的对话，他们克制自己，甚至有时显得很僵硬，但他们总会专心倾听。他们必须不断地控制自己，才能保持乖巧可爱。

他们不知道自己真正的身份。由于戴着面具，穿着不属于自己的服装，这些病态情感依赖者中的许多人处于虚假自体[1]的状态。他们把自己和自己的真实个性、真实身份割裂开来，以至于最终混淆了角色与现实。一个他们不喜欢的且强迫他们直面问题的现实，一个他们拒绝面对的现实。其实他们并不真正喜欢和自己独处，恰

---

1 虚假自体也被称为"虚假自我"，是英国精神分析学家温尼科特（Winnicott）提出的概念。在婴儿时期，当母亲无法满足婴儿的全能感需求时，婴儿会构建虚假自体作为一种防御机制，其目的是保护"真实自体"。——译者注

恰相反，他们太需要被人围绕了。孤独太痛苦了，这可能迫使他们与他人对抗，去面对压抑已久的情绪和早年未得到解决的心理问题……

他们不知道自己的真实感受。他们如此关心对方的情绪，如此害怕尴尬的话语和被误解的手势，他们努力想要掌控自己可以说什么或做什么，以免对方不高兴。他们把自己开心与否的决定权交给对方，而大多数时候对方对这个权利一无所知……

35岁的亚尔钦在专横、残暴的父亲和抑郁、冷酷的母亲的虐待下长大。成年后，他继续过度适应他人的欲望和需求。自幼年起，他就屈服于父母和兄弟姐妹们的勒索。如今，他正和一个比他稍年长的女人同居，他无法离开她。

"为了不孤独，我成了兄弟们所有错误行为的共犯。因为年龄最小，他们总是威胁我，并强迫我承担他们的错误。为了惩罚我，父亲会强制我举起双臂跪在地上几小时，他看着我或让我的兄弟们轮流看着我。母亲生气时会狠狠地掐我。

"我的伴侣从我父母那里接过了'接力棒'。她一直抱怨自己的父母，而当我跟她讲起我的父母时，她却漫不经心。为了取悦她，为了让她知道我正在经历与她相同的痛苦，我产生了过度的同理心。实际上，我选择和她一起生活是为了逃避我的父母。那是15年前的事了，为了让位置给她沮丧的弟弟，我放弃了和她一起度假。

　　"7年前，我遇到一个年轻的女人，我和她相处得很好。我想了很久，告诉了我的伴侣，但她命令我留在她身边，她说我是叛徒，是操纵者。事实上，我觉得她在阻止我思考。在我们讨论这件事时，她总是能证明我是错的，我不能离开她，我没有权利让她受苦。我从来不知道如何拒绝，从来没有为自己要求过什么。我的家人也可以向我要钱或者寻求帮助，而我总会在他们身边。我去看了心理医生，他在第一次治疗时便称我为懦夫[1]。我没有回答他，当时我想离开这个世界。

　　"现在，我来见你，我恢复了力量。但我知道这不会持续太久，这种担心让别人不高兴的恐惧在我的心里被埋得太深了……然而，我最害怕的恰恰是被爱，那会让我迷失自我。我接受对方的一切，也愿意为对方付出一切。如果我完全失去自我，那么最终我会怨恨对方。"

　　在夫妻关系中，对病态情感依赖者来说，对方的快乐是他们唯一关心的问题。一旦确定了对方的渴望，他们就必须服从他们的伴侣，无论他们自己是否有相应的欲望和心情。服从对方是优先事项，他们不太考虑自己的快乐，并且几乎永远不会开口说出自己的想法。比如他们只想要一个拥抱，自己不喜欢这种或那种做法，想睡觉或想离开……

---

1 "心理医生"以这种方式和患者谈话是不被容许的。——作者注

从角色扮演到操纵

这种控制会造成非常严重的压力，同时也意味着这是一种明显的操纵。病态情感依赖者的计划是让自己被爱，而在做出友善、温柔、乐于助人和随叫随到的行为时，他们并不是完全没有私心的。他们中的许多人在很长一段时间里能在角色中表现出色，以至于忘记了自己是在进行角色扮演。事实是，一些真实的操纵往往隐藏在过度亲切的背后。

38岁的吕西安与尼娜经历了6年动荡的婚姻，最后他宣布离婚。他在离开法庭时说："我有一种不复存在的感觉。我花时间质疑自己，但同时，我对我们无法沟通感到愤怒。"他非常难过，也哭过，直到他找到了解决办法："我不想再考虑我的伤痛，从今以后，我将只生活在理性中并控制我的情绪。"

他和女友一起生活了两年，他很无聊，有一种被关起来的感觉。这让他很烦躁，这种烦躁累积起来变成了对女友的愤怒。他变得疏远女友，不再对她有任何欲望。他感到疲倦，发现对方对他的要求太高了。他希望女友离开，却无法开口。他的自尊是如此之低，以至于当他想到自己以真实的样子被爱时，感到非常激动。他对自己的形象非常敏感，他会给自己制定非常严格的行为规则以约束自己。"我想被人欣赏，所以我绝对不能让人失望。如果我不想进行自我约束，而是出于本能行事。"

　　吕西安害怕别人认为他不聪明，对于他来说，聪明是一个基本属性。他切断了自己的情绪，以便能够"自我调节从而更好地自我控制"。"我希望人们因为我的镇定，对他人的无限尊重和擅长倾听的能力而欣赏我。"他笑着说。他还希望成名，这样能"引起女孩们的注意"。

　　在他与女友的生活中，他从不诉说自己的烦恼，以避免痛苦的讨论。他任由情况恶化，以便不对分手负责。更重要的是，他已经疏远了伴侣，并希望能有一些冒险行为，但他不太清楚自己"该扮演什么角色"。"如果我表现得很快乐，我可能被欺骗。如果我表现得让人放心、有安全感，我就会扮演好人的角色，但我有可能忘记自己。然而，当我恋爱的时候，我想帮助这个女人变得快乐，我会鼓励她。我确信这就是女人对男人的期望，之后我会在对方的欲望中忘记自己的欲望。我不能体面地告诉一个女人，我只想引诱她，想和她经历一场愉快的冒险。我喜欢付出，可我付出得太多了。我要改变策略，但我要怎么告诉女人呢？我需要隔离，需要距离，需要控制自己。这就是为什么我展现出自己不真实的一面，以确保自己被接受，被爱。我没有权利保持自己的本色，我为了被爱不断地过度适应对方。我表现得很好，也就是说，我所给予的体贴符合人们对我的期望。我不能表现出自私，我也并不如此；我必须让女人快乐，但我无法以我真实的样子被爱，我过于殷勤了……"

　　吕西安决定不再对女人"过于殷勤"。当他和网上认识的一位年轻女性共度一晚后，他说："我和她约会，然后把她赶走了，她居然抚摸我的头！我已经受够了那些太过亲近的女人了！"在短短几周内，他发现自己身边有一群献殷勤的人，面对这些人，他试图操纵她们。"当我们聊天时，我向她们证明我行而她们不行，这是一种验证自我并在她们面前获得心理优势的方式。同时也是为了向我自己证明自我价值，既然她们会爱我，我就能引导她们的感受……"

　　你遇到麻烦了吗？有问题的或病态的情感依赖者会为你找到解决方案。他们可能没有为任何实际问题或困难找到解决方案，但他们是如此渴望得到你的感激。因此，为了保持自己的完美形象，他们可以毫无怨言地承担让人不愉快的任务。但是，我们也要明白，他们也会因要凌晨 5 点去机场接你或不得不帮你喂两周的猫而大发雷霆。他们永远不会，也绝对不会拒绝你这种完全不值一提的小请求，这对他们来说是可耻的。然而，他们在潜意识里往往希望对方感激自己。"在我为他做了那么多事之后，他也可以帮助我，为我做点什么。"想要得到帮助，首先必须要知道如何提出要求……

情感勒索者

　　即使病态情感依赖者做了很多事情来吸引和维持某种

关系，他们也并不算是"情感勒索者"。"情感勒索者"通常是真正的恶人，他们暴虐至极，甚至做出极其残忍的事情。他们利用对方的感情来获取掌控权，强迫对方事事顺从自己。他们有时会发怒或施加语言暴力，有时会选择更温和或充满爱意的方式以达到他们的目的。不管怎样，威胁是存在的，情感勒索是有效的。他们完全了解受害者及其弱点（恐惧、希望、感受或秘密）。无论是在职业生活还是私人生活中，他们利用这些控制受害者并得到他们想要的东西。他们无视"同理心"这个词的意义，他们乐于看到对方无计可施，陷入痛苦与自我怀疑，最后因害怕被抛弃或希望这种暴力彻底结束而屈服于他们。

如果想被欣赏、被爱，那么个体必须表现出非凡的同理心，成为最细心、最乐于助人、最有亲和力的人，成为懂得如何去爱、关心、照顾他人的人，表现出一种看似慷慨、善良、无私和充满爱的态度。这种人要尽力满足自己难以抑制的被欣赏、被爱的需求，这正是操纵（一些人称之为欺骗）的核心。尽管愤怒或悲伤涌上喉头，这种人还是微笑着；在筋疲力尽时，他们也不计成本地付出自己的精力和勇气；对无聊或无关紧要的事情表现出兴趣，思考着肯定能取悦他人的事；选择正确的话语，承担本不该由自己负责的错误并道歉（"我早该预见……""我很自责……"），等等。

感情骚扰

与精神骚扰不同，感情骚扰在法国刑法中并未受到谴责。在加拿大和美国等国家，它被称为"刑事骚扰"。法国刑法唯一承认的与之相关的罪行是电话骚扰和蓄意暴力。在英国，法律将跟踪描述为"悄悄接近"，这是一种感情和精神骚扰，如今它和迫害、心理恐怖主义一样，被定性为"强迫性迫害"。迫害者可能不断向受害者发信件、送礼物、打电话或发短信，密切留意、监视他们，并在工作场所或家门口等待他们，更糟糕的情况是，威胁他们，造成物质损失。这些行为是病态的，很可能来自已经完全失去分寸的病态情感依赖者……

我们现在明白了，在情感上过于依赖他人的人往往为对方的幸福负责，不幸的是，他们认为只有自己知道什么会使对方幸福或不幸。他们力图为对方做一些能让他们自己快乐的事，做他们实际上期望对方做的事，并确信所有人都是以同样的方式构建关系、感受欲望的。

地狱三角

这个三角形被斯蒂芬·卡普曼（Stephen Karpman）称为"戏剧三角形"，我称之为地狱三角，它是沟通分析[1]的主要模型之一（见图 1-1）。它为解读人类互动行为提供了一个非常有趣的指导框架，并完全适用于分析病态情感依赖人格。大量对人际关系和情感生活有害的"心理游戏"，都是通过它得以形式化的。

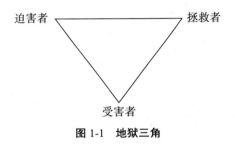

图 1-1　地狱三角

这个图形讲的是什么呢？这个三角形描述了一种"心理游戏"，它至少需要两名玩家，每个人扮演三种角色中的一种：**拯救者、受害者或迫害者**。每个玩家都（无意识地）把自己置于其中一个点上（每个人从童年起就优先扮演了某种角色）。在游戏过程中，即在与另一个人的系列互动中，对话者将"转换"角色，比如拯救者可能

---

1 沟通分析简称 TA（Transactional Analysis），也称人际沟通分析或交往分析，是由美国心理学家艾瑞克·伯恩（Eric Berne）于 20 世纪 60 年代创立的治疗体系，它以人际互动为基础进行心理治疗。——译者注

成为受害者，而受害者可能成为迫害者。

> 父亲："等你做完作业，我带你出去走走，好吗？你一定想呼吸点新鲜空气吧？"（**拯救者**）
>
> 儿子："我更想去见朋友，他们正在外面等我。"
>
> 父亲："你不愿意和我出去吗？我们俩一起挺好的，只是走一走。"（**受害者**）
>
> 母亲："还是让他和他的朋友一起去吧，你看不出你在打扰他吗？"（**迫害者**）
>
> 父亲："别在他面前这样跟我说话，我是他的父亲，我想和我的儿子一起去走走，你别掺和！（**迫害者**）还有你，来吧，让我们像男人一样打几个回合！和你老爸一起来吧，你会让我开心的。"（**受害者**）
>
> 母亲：那我呢，我做什么？做饭？一如既往！"（**受害者**）

我想明确一点，不要把善良和无私混入拯救者的游戏中。同样，我们在谈论受害者的角色时，显然不是在谈论真实事件或事故的受害者。

我们来看看在情感上过度依赖的人是如何轮流扮演三种角色的，即受害者如何成为迫害者，拯救者又如何成为受害者。

> "喂，妈妈，是我！"

"哦，你好，亲爱的！你给我打电话真好，太久没有你的消息了。你知道，一个星期对我来说相当漫长……"（**受害者的游戏开始**）

"是的，我知道，但我很忙。你知道的，即使我不给你打电话，我也在想你。"

"是的，但一个电话很快的……"

"妈妈，我想告诉你，明天晚上我不能去你那儿吃饭了，我有一个重要的工作会议，可能会很晚才结束。"

"但我已经准备好了一切，你答应过我的。"

"是的，妈妈，我答应过你，但我刚刚被告知……我下次再去……你只要把所有东西都放在冰箱里就可以了。"（**拯救者提出建议**）

"你的工作比我更重要，这让我很难过，我的小姑娘……"

"不，不是这样，你就不能试着理解一下我吗？"

"我所理解的是，我永远不能指望你！你让我想起了你的父亲，你和他一样自私！"（**受害者成为迫害者**）

"别说了，妈妈……好吧，听着，我会参加会议的开始部分，在结束前假装家里有急事，但你让我很为难，你知道的……"（**拯救者变成受害者**）

"但我好歹是你的母亲，你努力为我付出是正常的……嗯，明天见……"

　　为了扮演好角色，每个拯救者都需要一个受害者，否则他怎么能帮助别人，为他们的幸福负责，简而言之，就是拯救他们呢？拯救者照顾那些本可以照顾自己的人，防止他们做决定或找到自己的路。拯救者通常会使用或滥用这些表达，比如"你应该这样做，你不应该那样做""不，你做错了，让我来做""如果我是你，我会……""你只须问问我……"。同样，受害者通过抱怨来寻找拯救者，"谁能把我从不幸或无助中拯救出来"。如同其角色名称的意义，受害者会感到无力，无法做出选择，无法对与其有关的事做决定，否则他就不需要拯救者了。于是受害者抱怨，"我能做什么"，"如果你是我，你会怎么做"，"你怎么想"，"我不知道该怎么做"，"我什么都不明白"。至于迫害者，他会对一切进行批评和说教。当然，他需要一个受害者挺身而出，否则，他要惩罚谁、批评谁、掌控谁、训斥谁呢？迫害者经常说："我早跟你说过了""你不听我的""你真的太没用了""你真是胡来""这太蠢了"，等等。在这个被我称为地狱三角的三角形上，这三个角色的"使命"均为得到认可，以获得存在感。

当情感依赖者是"拯救者"时

　　无论一个人遇到什么类型的问题，拯救者都会插手，在他没有受到受害者的抱怨时，对他来说最重要的事就是找到一个解决问题的方法。拯救者非常"了解"什么适合这个受害者，受害者通过抱怨（无论是否为直接表达）来表现自己，他不知道如何照顾自己。
而拯救者比其他人更明白要做什么，要建议什么。这是他的角色，
他知道如何出色地演绎它！拯救者一直在担心受害者：对方是否正
确理解我给出的建议？这种关心也成为他不断干涉这些"可怜的"
受害者的事务的借口，他必须照顾这些受害者。拯救者就是这样乐
此不疲地侵扰他人的生活。"为了更好地提供帮助，首先必须好好
了解，对吧""我是担心你，所以才问你这些问题""我这么担心你，
那是因为我爱你"……

如何识别拯救者

以下是一些定义拯救者的标准。只须满足其中三项，个体就可
以被定义为拯救者。

- 拯救者不会回应直接的帮助请求。
- 拯救者迫使自己帮助对方，即使他不喜欢这样做。
- 拯救者完成了 40% 以上的工作。
- 拯救者并不总是能胜任他为他人所做的事。
- 拯救者不知道如何拒绝，即使他想拒绝。
- 拯救者想代替对方（即使对方很有能力）做一些事情。
- 拯救者所做的总是比被要求的多一点。
- 拯救者总是觉得自己比对方更有能力解决问题（即使这不是
  真的）。

- 拯救者总是觉得自己不可或缺。
- 拯救者需要不断"拯救"某人。
- 拯救者需要相信对方是无助的、无能的，即使这是完全错误的。
- 只有通过帮助别人，拯救者才会对自己产生好感。
- 拯救者不会问对方能为他做什么，只会根据自己的标准将帮助强加给对方。
- 拯救者允许自己代替对方思考和说话。
- 拯救者会在不事先告知对方的情况下主动参与对方的生活。
- 拯救者不考虑自己的需求、愿望和欲望，只考虑对方的，无论对方是否表达出来。

因此，拯救者是援助领域的专家。

拯救者的目的当然是获得认可和感激、爱或友谊，有时也是仰慕。总之，拯救者深信：任何面临困难或需要解决问题的人，都无法自己摆脱困境，这些人甚至不知道什么对自己有益，他们绝对需要帮助和照顾。这种根深蒂固的信念在他们的儿童时期就已经确立，某些教育方法经常将这种拯救者的想法装进孩子们可塑性极强的大脑中。

对于她的两个孩子来说，利利亚纳一直是一个"万事操劳"且带有侵略性的母亲。孩子们没有忘记向她解释，他们已经是成年人了，知道如何照顾自己，如何安排自己的活动，如何独立思考。尽管母亲在他们独立的道路上设置了种种障碍，但他们已经成为自主的成年人。有一天，利利亚纳的女儿索菲抱怨工作气氛沉重，她只是随口一提。一周后，当她的直属上司皱着眉头走进她的办公室时，索菲很惊讶。上司问她："索菲，你为什么不告诉我你想离开我们，想辞职？""请你再说一遍？"索菲目瞪口呆。"你在不同的网站上发布了几份求职申请，不是吗？"

当然，发布这些申请的不是索菲，而是为女儿"操心"的利利亚纳……

32岁的玛丽昂仍是单身，她的母亲无法忍受这一点，她总是询问女儿的事情、出行情况和她认识的人，她总是感慨自己还没做祖母。玛丽昂从小就被灌输了"永远不应该让父母失望"的观念，她对不能满足他们而感到非常内疚。然而，她从不回应母亲的评论、问题和牢骚。一天晚上，在探望父母时，玛丽昂被她的母亲邀请到书房。电脑是开着的。这位年轻女孩惊讶地发现，她的母亲在约会网站上回复了许多约会邀请。母亲冒充女儿，挑选了几个她觉得合适的年轻人，就等着玛丽昂点头……

露西尔很绝望，38岁的她仍然单身，她不明白为什么自己只会遇上"问题男人"。的确，她所描述的男人们让人困惑……她的父亲说："这是因为你相信他们会被你吸引。""但我不明白，当我遇见他们时，他们看起来完全正常。然后渐渐地，我发现他们有严重的问题。其中一个人是瘾君子，另一个人是'妈宝男'（他 43 岁时还和母亲住在一起），还有一个人对我隐瞒他和别的女人同居的事，而那个谎称有工作的无业人士就更不必说了……我真想不明白，我为什么如此吸引他们？而我又为什么喜欢这些人呢？"

有些父母可能展现具有侵略性的拯救者形象，使许多孩子不敢反抗，这些父母在孩子成年后才会偶尔赞同他们一下。当然，不仅仅是父母会侵占某些患者的领地，朋友或伴侣也会在他们陷入病态情感依赖时展现拯救者行为。

热罗姆 32 岁，她说："我有很多话想对拉埃蒂茨娅说，她自认为非常了解我，总是抢着把我的话说完了，而我却无法把我的想法表达出来。她可能是为了向我证明她理解我吧，而我也不敢告诉她其实这是错的……我生气的时候也不想说什么，她会责怪我伤害了她。我和她说的话越来越少了……"

作为一个无法忍受孤独的病态情感依赖者，洛尔不希望她的同事卡米耶独自回家（卡米耶的伴侣在伦敦出差两天）。晚上 7 点，卡米耶正准备下班，她期待着在家度过一个安静的夜晚。这时洛尔跑过来找她："我的车就停在附近，我陪你过夜。不能让你自己过夜！"卡米耶为自己辩解："不，我向你保证，一个人很好，我已经计划在家里度过一个美好的夜晚……""别给我讲故事，你和我在一起会更好。我会做些烤肉，来好好照顾你！""不，我向你保证，我更喜欢……""胡说！我了解你，你整晚都会心情忧郁……"卡米耶就这样去了洛尔家，这并非她自己的真实意愿，她觉得是洛尔无法忍受孤独。

一对拯救者：矛盾的关系

　　雅克和雅克利娜已经在一起生活了近 13 年，相遇时二人均为 20 岁。他们各自的童年都非常艰难。多年来，雅克一直致力于让雅克利娜快乐，而雅克利娜也是这样做的。十多年来，他们一直是一对拯救者（但也互为受害者和迫害者），在感情上非常依赖对方。这是一种病态的相处方式，两个人都为对方牺牲了自己。同时，两个人都非常怨恨对方，觉得自己是对方的受害者。"我为他做了一切，他竟然是这样感谢我的！""我为她做了一切，她就是这样感谢我的！"

　　雅克利娜曾经觉得雅克是一个宽厚、忠诚的男人，他唯一在乎的是保护她免受不幸，修复她痛苦的童年。雅克曾经觉得雅克利娜是一个能够理解他、照顾他并修复他不幸童年的女人。然而，现在的他们都在自责自己过于忘我，把自己的需求和欲望放在了一边。他们的关系如今受到损害，变得非常脆弱。两个人都指责对方不知道如何爱，辜负了自己的期望。"我觉得自己好像不了解他，他责备我只顾我自己""我仿佛在接触另一个女人，12年来，她一直想控制我。"

雅克为什么想拯救雅克利娜？

从很小的时候起，他就确信，要想好好去爱，就必须把自己的幸福交到所爱之人的手中。他一直认为雅克利娜比他更懂如何去爱。在他们交往之初，他允许她定义什么是爱，以及爱的"实际"方式和行为规则（即当相爱时，必须……）。就这样，雅克为了好好爱雅克利娜并拯救她，学会了处处顺从，并听她一遍遍地抱怨自己的家庭，而他对自己的情感、需求、欲望和爱好保持沉默。她向他保证："我知道什么对你、对我们有好处。我们在一起不是很幸福吗？"雅克，作为一个很棒的拯救者，满足了雅克利娜的要求，承担了善良的"修复者"角色。

这些年，雅克利娜用很大的篇幅描述她痛苦的童年。她不断地回想，把自己表现为一个受害者，然后唤醒雅克身上的拯救者特质。她以一种非常间接但很真实的方式，请求他治愈她那些难以忍受的漫长岁月。她期望他能给她带来父母未能给她的东西。她在受害者和迫害者的角色之间交替，利用自己的痛苦从这个男人那里得到她想要的一切，并把所有权利据为己有，不留给他任何权利。她翻看他的手机（"相爱的人彼此间没有秘密"），打开他的邮件，并进行分类整理（"有秘密就是背叛"）。她单方面做了所有决定。于是，雅克一点点地把自己封闭起来，变得沉默不语。他从未说过他在童年和青少年时期遭受的虐待，因为雅克利娜占据了说话的领地，同时也占据了抱怨的领地。他从来不敢许下半点愿望。为了让雅克利娜感受到"很好"的爱，雅克付出了难以置信的努力来满足她的愿望。就这样，她剥夺了雅克的一切。

雅克利娜为什么想拯救雅克？

她教他"如何去爱"。她教他必须将所有事情都告诉对方，所有事情都要一起做，最重要的是，她认为他要严格听从她的建议，因为她知道什么是爱。作为交换，她为他提供了轻松的生活。她照顾家里的一切，减轻他所有的事务性工作，并在他需要时提供经济支持。她对他非常关心，总是提出新想法，筹划他们的假期。雅克则听从她的安排。

雅克利娜的拯救是专制的，更接近于迫害者的游戏，而雅克的拯救则更多是百依百顺。但渐渐地，他心中产生了巨大的愤怒，他越来越不能忍受雅克利娜。之后，他开始表达一些不赞同的想法，这并不符合双方的规则。起初他是胆怯的，然后越来越坚定。雅克利娜以离开威胁雅克，责备他不再爱她。就这样，三年来，他们的关系一直恶化，如今就像进入死刑的缓刑期。雅克利娜问自己她能做什么来留住雅克，却没想过雅克也有自己的想法。根据地狱三角，他们先后扮演了三个角色：拯救者（"如果你按我的要求去做，你会很幸福，因为我会好好爱你""你需要我，你已经受了很多苦"），受害者（"在我经历了这么多之后，我无法忍受你抛弃我""我无法做得更好，你对我要求得太多"）和迫害者（"如果你不再听我的建议，我会离开你""没有人能像我这样爱你、忍受你的性格"）。怎样维持这种并不令人愉悦的融合关系呢……

当然，受害者必须保持好自己的角色，这样拯救者就能够保持对他的控制。受害者决不能表现出独立自主，他必须永远需要拯救者的帮助。因此，拯救者非常乐意选择那些希望保持这种状态的受害者。当一个人接管他人的思想、感情、决定、态度、发展、幸福、问题或命运时，他就充当了拯救者的角色。受害者的进化并不在拯救者的计划内，拯救者会转向那些更软弱、无助的受害者，那些至少在初始阶段接受他们的受害者。

当情感依赖者是"受害者"时

当拯救者提供的帮助被拒绝或误解时，他会感到被抛弃。他会生气，感叹受害者忘恩负义，认为受害者并不知道自己的重要性。

索菲发现了母亲利利亚纳的所作所为，工作一结束，她就匆匆赶回家。她还没坐稳，就对母亲大吼。

"你怎么这样对我？谁允许你这样干涉我的生活？你以为你是谁？你把我当什么？"

"但是……我只是想帮你……"

"不，妈妈，你不是想帮我，你是想插手我的事，就像你一直做的那样！"

"我？不，从来没有！我很担心你……"

"你明白我不能在你面前说什么了吗？我不能再和你说话了！你能想象一下我老板看到你的求职申请时是怎么想的吗？你能想象吗？"

"但是你说……"

"我跟你说过我想换工作吗？我告诉过你吗？"

"没有，但你在抱怨……"

"那又怎样？"

"我只想让你快乐……我只想帮助你……别对我讲那么刻薄的话！"

"我是坏人吗？是我？那你呢，你怎么评价你自己呢？"

"我是你妈妈，我爱你，我担心你，我只希望你快乐……"

"最最重要的是，不要再为我担心了，好吗？担心不是爱……我不知道你是否真的懂得爱……"

"哦，索菲！你说的这些话太可怕了！我？我不知道如何去爱？我为你做了这么多事！"

不难想象利利亚纳的不安，她成了扮演迫害者角色的受害者。她总是竭尽全力，对索菲的每一句话都很关注。在这次争吵后，利利亚纳病倒了，她因抑郁症而住院了。作为女儿"忘恩负义"的受害者，她放弃了拯救者的身份，选择接受另一位拯救者，即心理治疗机构的照顾。

如何识别受害者

"我再也受不了了！""我应付不了了！""我永远做不到！""太可怕了，你不知道我遇到了什么事？""要是我能……就好了。""我不知道要该求助谁。""要是有人教我就好了！""这事儿总是发生在我身上！""这对我来说太复杂了！""我宁愿放弃。""这不是我的错！""从来没有人问过我的意见！""总是我在为别人奉献！""我只能顺从。""当人们需要我的时候就来找我，但没人想想我需要什么！"受害者絮絮叨叨的话语总是充斥着这样一连串的抱怨和报复性声明，你不可能没听过。

别忘了，受害者并不总是以直接的方式提出要求，他会告诉你他太热了，而不是问你是否可以打开窗户（如果房间里有好几个人，你可以确定拯救者会去开窗户）。他也可以带着某种侵略性："如果我不要求什么，显然人们就会表现得好像我不存在一样……"

受害者不明白也不想明白的是，是他自己把自己置于痛苦的境地。当拯救者成为受害者时，他真切地感到羞辱，尽管他没有一刻问过自己所做的事情是否合适，他的建议是否合理。他会觉得丢脸、生气和难过，因为他想做得更好！成为受害者的利利亚纳试图为自己辩护，这也是所有"被蔑视"的拯救者的做法："我只是想让你快乐""我只是想帮助你""我很担心你"。当拯救者无法救助受害者，当他的帮助被否认、被拒绝、被批评时，他会感到非常痛苦。在这种情况下，他觉得自己变成了真正的受害者。

　　玛德莱娜一直是一位"模范"母亲。她以奉献、善良、恒心、专注和爱心照顾着她的三个孩子，只为他们而活。她欣然承认："他们是我生存的理由，他们是我的一切。"孩子们长大了，玛德莱娜感到很失落。她的丈夫经常因工作而不在家，她还没有成为祖母。她几乎没什么朋友，因为她没时间交朋友。当她丈夫在家时，他更喜欢两个人单独聊天。"我为我的孩子们做了一切，我为他们牺牲了一切。我牺牲了一个女人的生活，我从未跟随丈夫出差旅行；我牺牲了我的工作，我本热爱我的工作。而如今我一个人，不知道自己该做什么，我的生活很无聊。我的孩子们去了各地，离这里很远，他们过着自己的生活，对我不闻不问。我太想拥抱他们了！这么多年以来，我只为他们而活，有什么意义呢？他们时不时会给我打电话，时间不长。我们也会通过电子邮件交流。但我不知道他们过得怎么样，我不了解他们的住所和他们的生活环境。他们只告诉我一些生活片段，零零散散……我需要许多想象力去想象他们的生活。如今，我的生活是一片空白，而我为他们做了那么多，这真的不公平！"

　　玛德莱娜患有空巢综合征。随着孩子们离去，她感到自己被抛弃、没价值、不被爱。她期望得到认可和感激，即一种情感上的"投资回报"。她不明白，她只是想尽母亲的职责。世界上没有人强迫她牺牲自己的职业生涯，也没有人阻止她偶尔与丈夫出行，只有她自己能决定忘记自己。

埃莉斯是一位32岁的年轻女性，有3个年幼的孩子。结婚后，她的丈夫想要孩子，于是她放弃了医学研究。他想住在乡下，她便跟着他搬家，远离她的家人、朋友和原来的生活方式。她最小的孩子出生后，她胖了5千克。她的丈夫要求她减肥，于是她开始节食。在她难得的空闲时间里，她写了一些儿童故事，这让她受到了丈夫的蔑视，于是她收起了笔记本和笔。就这样，埃莉斯迷失了自我。她担心惹人不快和被抛弃，于是异化了自己的真实人格。

在这种情况下，拯救者成为了受难的人。难道他没有为他人牺牲自己的时间、精力和创造力吗？如果他认为有必要，难道不会为了别人的幸福而放弃自己的情感和物质的舒适区吗？难道他投入得还不够吗？还是做得很糟糕，他就这样被抛弃了吗？显然，我们的拯救者经常感到自己是这种不公正的受害者，以至于他只能穿上受害者的戏服。

一对受害者：艰难的关系

35岁的阿涅丝和34岁的奥利维耶共同生活了一年半，刚刚分开。一天晚上，他们在一个朋友家相遇，随后去酒吧聊到很晚。他们互相讲述了自己的生活，痛苦的生活。他们二人都认为自己是受害者，因此激活了对方身上的拯救者特质。

我在此就不描写所有细节了，只讲讲主要部分。如今，阿涅丝与她 5 岁的女儿独自生活，此前她曾有过多次恋爱经历，但从未超过两年。她与每个男人在一起时，都能迅速融入共同的生活中。她说："这是防止分离的保障。"作为独生女，她在父母冲突不断的家庭中长大。父母太专注于争吵，而"忘记"了这个小女孩，也从未称赞过她。阿涅丝很快明白，她最好不要被人注意到，尤其是不要打扰这些脾气暴躁又似乎经常忽视她的大人。她在父母眼中没有什么存在感（至少她自己是这么认为的）。

而父母显然没有帮助她建立一个良好的自我形象。她读书读得少，为此非常自卑。"我不知道一个人成年意味着什么"，她说着，把头歪向一侧，似乎是在为自己辩解，"我一直努力被人喜欢。"和她一起生活过的男人都是难相处的或处于社会边缘的人……

奥利维耶是个病态的酒鬼，他的故事充满戏剧性。他 5 岁时父母离异，他和父亲及两个弟弟一起生活。父亲很快就找了另一个伴侣，但这个女人并不想照顾这 3 个男孩，她后来为了另一个男人出国了（回来后他们又在一起）。在此期间，法国卫生和社会事务部不得不将奥利维耶和他的弟弟们安置在一个机构中，他们在那生活了长达 11 年（他的母亲每两周来探望一次）。他说："我非常想念我的父亲。事实上，我成了我弟弟们的父亲。"奥利维耶没有童年，他的童年被偷走了。他在很小的时候就被迫担任父母的角色，他有抑郁倾向的母亲对他进行的情感勒索也迫使他快速成长。

听了彼此的生活故事，双方显然都很同情对方的遭遇，两个月后，奥利维耶搬进了阿涅丝的公寓（离开了和一个朋友共住的小房间）。

最初的欣喜很快就被共同生活的不协调冲淡。他们深信过去的苦难使他们有权要求对方提供一切，因此他们很快产生了失望和怨恨。"他不听我的话，"阿涅丝抱怨道，"他喝醉时，以分手威胁我。而我尽我所能使他的生活更轻松。""阿涅丝决定着一切，她不信任我，但我却竭尽全力让她开心。"奥利维耶感叹道。阿涅丝担心如果他们不在一起生活，奥利维耶就不会和她在一起。她不明白奥利维耶为什么喜欢撇开她，而和他的朋友们在一起。奥利维耶觉得他已经做出了"很多让步"，为她改变了自己的生活，而她没有付出任何努力。

阿涅丝很害怕，她不知道他是否会留下来。奥利维耶觉得她要求太高，希望她能多一些耐心。他说："我觉得自己是被用来稳定她的。"而阿涅丝则抱怨称他们在一起没做什么有意义的事。"每次我不同意她的观点，她都会贬低我。""他说了很多，但并没什么深度，我讨厌他在我的朋友面前抬高他自己。""阿涅丝不够温存，不够柔情。""和奥利维耶在一起，我觉得很无聊。我对他很生气，又为此自责。无论如何，他都无法让我依靠。"

在先后扮演了受害者与拯救者之后，阿涅丝和奥利维耶成了彼此的迫害者。

当情感依赖者是"迫害者"时

正是这种拯救者和受害者之间的角色往复，才使拯救者变得越来越暴躁和专横，也特别喜欢情感勒索。还记得吗？利利亚纳没有停止情感勒索。谁敢拒绝她的帮助呢？谁敢指责她？她应该不被爱吗？拯救者在没有提出正确问题时被粗暴对待是很常见的，对一个"合格"的拯救者来说，错的永远是对方，这个"对方"也正是他的受害者，在几个短暂瞬间成了加害于他的最恶劣的迫害者。迫害者应该指责他走得太远吗？他为自己辩护，认为他有权帮助所爱的人，甚至认为这是他的责任，即使这让他显得很有侵略性且令人不适。

因此，当受害者（拯救者想要帮助的人）决定不再被这位拯救者操纵时，当他通过摆脱这种监护来解放自己时，正如我们所看到的，拯救者有可能转变为一个迫害者。也许他已经变得有点过于专制了，他把一切都照顾好，并对他所选中的人发号施令。也许受害者觉得应该要自己掌控自己的生活，用自己的翅膀飞翔。受害者不再是受害者，他因为受不了专制而转身离开原来的拯救者。这时，面对这种臭名昭著的忘恩负义，这位已经成为受害者的拯救者将扮演迫害者的角色："你就是这样感谢我的吗？在你遇到我之前，你什么都不是！你以前什么都不是，现在也一文不值！想想我为你牺牲的一切，你甚至不懂得欣赏它们！你会后悔的，但来不及了……"

如何识别迫害者

如果像拯救者一样，迫害者知道什么适合你，什么对你有好处（正确、有益和有效），那么他不会试图引诱你去证明这一点。相反，他将用强势的方式迫使你接受他看待事物的方式。即使他并不打算贬低你或者羞辱你，他的话语也会夹带着否定。他不听你的，不考虑你的话、你的观点，更不考虑你的情绪，这些与他完全无关。你最多只能惹怒他，或者更糟的是，逗笑他并激起他对你的嘲讽。

迫害者的两种交流方式分别是愤怒（程度不一，从单纯的恼火到狂怒）和高强度的训话。他非常专制，想控制你的行为，也想控制你的思想。他在任何事情上都是正确的，他并不想纠结于你的抱怨（他只能在你以受害者的身份出现时扮演这个角色），或者是你的欲望（这样他就会成为你的拯救者）。证明这一点操纵一切，就这么简单。他的愤怒和沮丧是以不容置辩的口吻表达的。在坦诚的幌子下，他不等你回应就向你抛出他的论点。他很严厉、冷酷、尖锐，经常贬低人，把所有互动视为争夺权力的行为并予以责备。此外，他对你的痛苦无动于衷，他的态度、语气和所有非语言行为让你别无选择，只能闭嘴，除非你已经准备好忍受他的愤怒，或者试图成为他的拯救者。迫害者想掌控一切，这一点毋庸置疑。

从拯救者转变为迫害者非常容易，你只要有以下感觉就证明你转变为迫害者了：过长时间滥用自己的欲望或愿望；为某人"做了很多或做得太多"；被不断地要求利用、剥削和骚扰。当对方没有表达感谢或者表达得不够多、不是"很好"的时候，你就更容易转变为迫害者。你的付出是有条件的，如果还要面对忘恩负义或冷漠无情的人，使你既得不到认可，也得不到赞许，那么你所做的一切还有什么意义呢？

达妮埃尔一直是同事们的受害者。曾经，作为一个合格的拯救者，她承担了他们的很多工作以避免延误，她甚至默默加班，几乎无人知晓。为此，她对同事积累了很多怨恨。有一天，她去主管的办公室宣泄她的不满，还举报了同事。她把所有的事情都说清楚了：别人的迟到和早退，自己的额外工作。她心中的拯救者喜欢同事们的需要，以至于她对他们的奉献超出了她自己的精力和能力。站在受害者的角度，她觉得自己做得太多了，没有得到任何赞许，甚至连一句"谢谢"都没有。的确，据她作为受害者的说法，同事们根本不会为她所做的努力而愧疚。最终她选择成为迫害者，她没有考虑行为的后果。当然，这一切都是无意识的。

38岁的斯特凡纳一直表现出为父母牺牲自己的拯救者形象。虽然他的收入相当不错，但他从不度假，因为他的父母（受害者）负担不起任何形式的旅行费用。他"允许"母亲（在这种情况下她也是拯救者）每天到他家整理床铺，收拾衣服，打扫房间，每天晚上为他送来热腾腾的饭菜。他说："她很乐于为我做这件事！"我们讨论了他的情况，他同意我的看法，认为他也许可以自己铺床。但当他以拯救者的身份再谈论此事时，他说："重要的是，我不想剥夺她的这种小幸福……"他抱怨父母做出的牺牲，也对他们很生气："正是因为他们，我才浪费了我的生命！为了不抛弃他们，我没有假期，甚至没有周末。我再也无法忍受这种拥挤的生活了……"

之后有一天，他满脸笑容地找我面谈。他坐下来，向我宣布他成功了！

"你做了什么？"

"我向我的母亲吐了口水！"

"你向你的母亲吐了口水吗？"

"是的，我做到了。所有我读的心理学书籍都在告诉我，我必须表达自己的愤怒。于是我向她吐了口水，向她表达了我的愤怒。"

斯特凡纳的反应是灾难性的。他变成了一个迫害者。

一对迫害者：危险的关系

尚塔尔和皮埃尔已经结婚26年了，他们有3个孩子，都是学生。最初扮演受害者的尚塔尔对他们之间缺乏沟通感到遗憾，对他们没有一起做更多的事情感到可惜，并抱怨皮埃尔对她说话的方式。"他对我说的话很难听，他是故意的。"皮埃

尔从一开始就把自己当成拯救者，他向她指出，他首要关心的
是重要的事情，比如健康、家庭和谐以及他的职业生涯，他也
一直在帮助别人。"大家可以向我提出任何问题，"他补充说，
"我总是能找到解决方案。"很快，每个人都变成了迫害者。尚
塔尔说："你只知道瘫在沙发上批评我。"而皮埃尔回击："你
总是束手束脚。""这就是你出轨的原因吗？你只想着你自
己！""是的，我出轨了，你很清楚为什么，你不想让我和你
谈论工作中的问题。是的，我去别的地方寻找你没能力给我的
东西。你整天都在抱怨，抱怨你的生活，抱怨你的父母……不
知道我们谁更自私！""我一开口，你就完全打断我，似乎你
认为你比我更聪明，简直是做梦！""你只谈你自己，连孩子
们都这么说！""你认为让孩子们反对我是很聪明的做法吗？
这不是一个好父亲该做的！"

在他们表达了愤怒和期望幻灭之后，我问了尚塔尔和皮埃尔他
们有什么期望。他们有着同样的答案，即拥有更多爱的标记……

毫无疑问，许多拯救者都没有意识到，当别人向他们表示感谢
时，他们是痛苦的，因为这等于承认了自己的无能为力。"不带焦
虑或怨恨地承担责任需要很大的力量和自信，或者说平和的心态。"
我经常会遇到这样的人：他们将那些知道他们正处于困境或有待满
足需求的帮助者拒之门外。这种态度表明，在被成功"拯救"之
后，他们需要保持昂首挺胸。

　　这种情况我们后面会再谈。在这种情况下，拯救者必须尽可能地掩饰自己的怨恨，他们觉得迫害者的名声不太好。他们甚至会隐藏自己的身份，如果迫害者暴露了自己，那么风险就是自己有了"不被爱"的形象，这让人既难以置信，又无法接受。迫害者通过他的面部表情和态度，非常清楚地表达了他很少显露的愤怒。而对拯救者来说，将这种愤怒公之于众太危险了，这种愤怒可能成为拯救者的借口，他把痛苦情绪转嫁到受害者身上。不要忘记，受害者往往比拯救者更强大，他们非常清楚如何获得自己想要的东西。这种关系非常符合逻辑：拯救受害者的行为总是引发愤怒，拯救者对于这种并非出自真心的奉献感到厌倦，而受害者则厌倦了自己被视为失败者。拯救者最终成为受害者的迫害者，受害者也反过来要迫害他，把他也变成受害者。这种心理游戏是一个完整的闭环，"红利"就是贬低对方或感到自己被贬低。

　　在后一种情况下，我们能做什么来安慰自己呢？（过量）进食、（过量）抽烟、沉溺男女关系、通宵打游戏或在工作中累垮自己，甚至生病、陷入抑郁……对于一个觉得自己已经失去了对受害者的控制的拯救者来说，他认为自己对其不再有任何权力，因为受害者现在拒绝了他的一切"救援"。拯救者觉得自己无用，甚至无能，他觉得自己因为不完美才被拒绝，于是重新陷入自我厌恶。他会做出为他人幸福负责的行为，而自我厌恶则成为抑郁情绪占据内心的御用通道。他也有可能回到原点，即迅速寻找另一个可怜的受害者来拯救，并让其感激自己为他所做的一切。这是最常见的模式：这些情感不成熟的人能继续弥补拯救者"内在小孩"部分的情感缺失。

情感不成熟

"只有对方能让我幸福"，这是病态情感依赖者根深蒂固的信念（这个"对方"可以是家庭成员、朋友或伴侣），这也是心理学对情感不成熟的定义。可以被定义为情感不成熟的信念还包括："我没有能力独自生活""独自一个人，我便毫无价值""对方应对我的幸福负责""我对对方的幸福负责""我们是一体的""我们是相似的""我必须成为对方的一切""对方必须永远在我身边""对方必须是我唯一的牵挂""我必须是对方唯一的牵挂""当我们相爱时，我们必须一起做任何事，彼此无所不谈，毫无隐瞒""对方必须满足我""我必须满足对方""对方必须在任何时候都能依靠我""我必须在任何时候都能依靠对方""我必须是对方最重要的人"……对于儿童，在这个年龄段，父母几乎每时每刻都在照顾他们。父母的任务是关注孩子的需求，孩子必须是他们关注的重点。孩子很容易接受一些信念，认为父母应该照顾子女。但我们这里讨论的是成年人，他们不需要喂食，不用别人给他们穿衣服，不用被唱歌哄睡，不用别人在他们摔倒时把他们扶起来并给他们的伤口吹气，不用有人时刻确保他们的环境安全……那些日子早已结束了。然而，受情感不成熟之苦的人仍然在等待一个永远在那里的身影——保护他们的天使；

等待一个可以保证他们安全的守护神（当然是情感上的）来照顾他们，拯救、宽慰他们，证明他们的存在，引导他们。

　　情感不成熟的现象比人们想象的要普遍得多，即使在生活其他方面完全成熟的人也偶有不成熟的表现，如占有欲强、要求高。如丈夫想和朋友们组织一个"足球派对"，妻子会指责他抛弃了自己、偏爱朋友、对自己没有足够的兴趣。妻子想在外面组织一次"女生聚餐"，丈夫会指责她不够爱他、抛弃他、不照顾他……这样的例子不胜枚举，不仅存在于夫妻之间，也在家庭和朋友关系中出现过。

　　病态情感依赖者的这种情感不成熟导致他们生活在不健康的"亲子"关系中，这种关系并不总是令人满意或快乐，但即便如此，他们并不想分开（无论是在友情还是爱情中），因为孤独会在分离的转角等待他们。他们的幸福只能通过对方实现，所以他们根本无法想象结束一段关系（与父母、孩子、朋友或伴侣的）。最近有个患者告诉我："分离是一种毁灭！"这也可以说是病态情感依赖者的不成熟之处。这种依赖性强到使其无法违抗，因为他们对对方的存在和认可的需求太过强烈。对于他们来说，这不再是一个爱与被爱的（自然）渴望问题。他们因童年时缺乏情感安全感而将渴望转化为一种需求，并养成过度依赖的性格。这是一种完全控制他们的需求，一种永远无法被完全满足的需求。

　　病态情感依赖在一定程度上阻止了人们真正去爱，人们认为自己真诚地爱着对方，但这只不过是一个意象，用以承载他们爱的行为，对方的存在只是为了填补他们深不可测的情感缺失。对方不是因其本性而被爱，而是因其能代表什么。在观察过程中，我们发现白马王子的童话依然在上演，白马王子将（最终）能够给女性她们想要的一切，甚至更多。白马王子正是一些年轻女性塑造出的理想化意象：她们像任性的孩子，总是追求绝对、拒绝现实，在爱情中总是从失落到失望，似乎忽略了对方也有期望和需求，那些正在等待理想女性的男性也是如此。

孤独恐惧

有问题的或病态的情感依赖产生于个体的童年和青春期的情感中。在成年人身上，它不可避免地表现为严重的孤独恐惧。我们用"恐惧"这个词并不算太过分，这些人的行为都是被"避免孤独"所支配的。对方或其他人的陪伴成为成瘾者（病态情感依赖者）消耗的产品（如同酒精等），这些是他们所不可缺少的。

技术进步似乎就是为此而准备的。病态感情依赖者无法想象不与他人产生连接，而他人的持续存在为他们提供了安全感。当今，通信工具让人们可以随时保持联系，否则，痛苦以及对空虚与非存在的焦虑将迅速吞没患者。这些人根本不可能一个人生活，当对方不再提供精神食粮时，他们将不得不独自面对自己、面对自我厌恶。

路易丝如今 59 岁。她与丈夫结婚 35 年了，他的工作需要经常出国。她是 4 个孩子的母亲，孩子们都已结婚但还没有下一代，他们分别在欧洲各地居住。她感到有点"迷失"，并羞于看心理治疗师，她认为"那是一种软弱的表现"。她补充说："我看不透自己，我以为自己很快乐，但在过去的几年里，我发现我没有欲望，感到悲伤、冷漠，也许还有点抑郁。"在那之前，她（在不自觉的情况下）用否认来搁置所有困扰她的事情，但一切都在回忆中重现了。一直保持沉默的路易丝饱受肌肉紧张的痛苦，尤其是后颈部肌肉。她说："我总是被教导要站直，无论发生什么事。"她补充说："我一直被禁止进行情感交流，即使是与亲密的朋友。"在过去的 18 个月中，她一直在服用抗抑郁药，但感觉没有什么好转。

"我把自己完全投入家庭中，在很长一段时间里相信完美家庭的神话，但我很失望。我可能对孩子过度保护了，我觉得我们之间筑起了一道墙。我没有权利抱怨，与其他不那么幸运的人相比，我不配拥有现在所拥有的一切！我不该说我遇到了问题。"路易丝因此认为她的痛苦情绪是不合理的。"我的丈夫没有时间浪漫，从来都不浪漫，但他是个好男人。我不想让他觉得我太沉重，他身上已经有那么多的责任了！我甚至想成为一根羽毛，但我发现我很难掩饰自己的悲伤。很奇怪，我经常做同样的噩梦：我弄丢了结婚戒指，我非常孤独，总是挑三拣四……我们在勃艮第有一座非常漂亮的乡间别墅，我丈夫喜欢去那里。我很想邀请朋友去，但他希望我们单独待在一起。他是一个有点孤僻的人，即使在巴黎，我也无法见很多人，因为我必须围着他转。我不能有正常的社交活动。我知道他能察觉我有些不对劲儿，我为此很难过，但他拒绝谈及此事。我也不得不对他隐瞒很多事：我的悲伤、我的痛苦……我害怕和他谈论这些会让我们的关系陷入危险，我也从来找不到和他谈话的合适时机。他一边吃饭一边听新闻，一吃完就去他的办公室。他能给我的时间越来越少，我还是有点怪他，但不能让他知道……

"我必须学会以不同的方式生活。他还有一年就要退休了，他对我毫不关心，我觉得自己已经不存在了。实际上，我非常害怕他会离开我，如果我对他诚实，他就会离开我。我应该学着不按他的想法生活，但我不知道该怎么做，他还为此责备我……当我们之间有分歧时，哪怕是很小的分歧，他也总是觉得自己是对的，我是错的。也许他真的是对的？我不知道该怎么想了……即使他不在家，我也会犹豫要不要邀请朋友过来，我怕他会发现。而且他的占有欲很强，我不想让他不高兴。"

只有当另一个人让生活变得有吸引力时，病态情感依赖者才会觉得生活有趣。因为他们不爱自己，又怎么能与自己和谐地生活呢？这就是为什么他们相信：他们只能通过对方活着，只有对方这个"魔术师"能重新点燃留在他们内心深处的生命火花……

安妮，一位 42 岁的女性，从十几岁开始便生活在对孤独的恐惧中。她很美丽，非常善良，非常有创造力。她承认为了永远避免孤独，她找到了一个极好的补救办法。首先，她在很年轻的时候就嫁人了（她当时只有 20 岁），并生了 3 个孩子。她解释说："至少在 20 多年里，哪怕我的丈夫离开我，我也可以和我的 3 个孩子在一起，我不会孤独。"随后，她很快就在一个交友网站上注册，凭借非常出众的外表，她有了几个"正在交往中"的男人。她和他们共度周末，偶尔也会共度短假，这并不妨碍她疯狂地爱上了其中一个男人。安妮周旋于孩子、丈夫、情人和其他她遇到的男人们之间。她非常忙碌，没有时间独处⋯⋯

随着时间的推移，她爱上了她的一个客户，并很自然地把这件事告诉了丈夫。她也告诉了情人，但情人离开了她。这次分手让安妮很痛苦，但她没有时间沉浸在悲伤中，因为她还有其他爱她的男人们，她也爱着他们。

她很快遇到了另一个客户，在几次交往之后就爱上了他。其他男友知道后，由于不想失去她，对她还是很亲切，而且非常宽容。

安妮很快乐，她把孤独放在离她很远的地方，并认为它永远不会找到她。

这种孤独恐惧还体现为一种分离焦虑。孤独（这是每个人的命运）迫使人学会自主：如果我独身一人，我就会对自己负责，对我的生活负责。但我们要记住：依赖性太强的人无法独自管理自己的生活，他们觉得自己被剥夺了所有资源，没有对方自己就无法生存。对孤独的恐惧导致了他们完全忘我的态度，以便他们将自己完美地、完全地投入并奉献给他人。而对情绪的压抑或否认往往体现在身体上，因为心灵和身体是一个整体，不可分割。个体的情绪会首先铭刻在他们的身体上，并参与心理和智力的建设过程。弗里茨·佐恩（Fritz Zorn）说："肿块是流回来的眼泪。我这辈子没流出来的和不想流出来的眼泪都会聚集在我的脖子上，形成这个肿块，因为它们没能实现自己真正的命运——流出来。"矛盾的是，正是通过为了他人的利益忘记自己，这些人才会觉得自己活得很充实！这种对爱、赞许和认可的不懈追求，与一次又一次困扰着他们的孤独恐惧成正比。当他们把对方捧得过高时，对方最终必然声望扫地。崇拜偶像的狂热粉丝将陷入幻灭，愤怒和抑郁也由此而生。

　　在对方最终必然声望扫地之前，他们首先面临的是巨大的情感风暴。这种情感充满泪水、哭泣、恳求、侮辱、尖锐的批评和威胁，有时也残存希望。"我可以一个人爱两个人的份"，这样的想法并没有让病态情感依赖者退缩，即使面对无法避免的事，他们依然寄希望于关系且相信关系将被修复，尽管这完全不符合现实。他们愿意做任何事来留住对方的目光，这目光使他们充满活力，使他们有存在感，使他们变得"值得被爱"（"可爱"的字面意思），并掩盖了他们想不惜一切代价逃避痛苦的想法。

对于病态情感依赖者，维持一段关系，即使是破坏性的关系，也总比生活在孤独中好。我们会遇到这样一类人，他们虽然在爱情、友情中，甚至在家庭关系中非常不快乐，但他们不能放弃，也不想放弃。他们认为，放弃产生的痛苦会比他们在这些不健康或无法忍受的关系中所遭受的痛苦更严重。"他们值得更好的，他们太不快乐了，考虑分手会好很多。"任何试图让他们明白这些道理的人，都会立即被视为敌人。在大多数情况下，他们把自己的情感强度和孤独恐惧混为一谈，即越是害怕孤独，就越是坚信要付出爱。"只有生活在伴侣关系之中，生命才有价值。""只要我没有伴侣，我就没有价值。"我们听过很多次这样的想法了，伴侣会提供"安全价值"、给人安全感这类想法被深深地埋藏在集体无意识中，根深蒂固。

这也正是对方，即赋予病态情感依赖者生命的人，（非常无意识地）沦为"风箱"角色的原因：风箱吹旺炭火并创造火焰——生命。丈夫、妻子、男性朋友和女性朋友以及家庭成员，通常都可以被当成风箱使用，他们的存在是为了排解病态情感依赖者的孤独。病态情感依赖者认为这些人是与众不同的，比他们自己更强大，而他们正将这种力量为己所用。对方必然具有他们所缺少的力量，与对方的相处能使他们在一段时间内获得力量。被爱的不是那个人，而是他带来的东西——保证自己不会孤独的力量。这就是为什么病态情感依赖者必须不停地取悦他人，必须永远保持完美。

当对方是被利用的时候，很明显，他并没有好好被爱着，而是被以一种非常不完整的、片面的方式被爱着。偶像崇拜不是真爱，可以说它根本不是爱。崇拜是仰望对方，祈求对方的爱与保护。偶像崇拜就是把自己置于偶像前，像小孩子在父母面前，信徒在神面前一样；就是相信自己是如此软弱无力，以至于没有对方，任何生命都没有可能。这个"供给者"赋予了崇拜者生命和被爱的幻觉，他垂怜地看着这个狂热的粉丝。这个粉丝是如此渴望得到爱的标记，以至于可以为这个让他有存在感的偶像付出一切，他也渴望对方为此表示感谢。在进行偶像崇拜时，患者相信自己是讨人喜爱的。然而，对方绝对不能移开这种充满爱的目光，否则这种关系将面临严重威胁。只要一想到这种目光的转移，患者就会有一种胃部扭曲、心脏受冲击的嫉妒感，这种嫉妒往往基于想象，即在自我厌恶的基础上创造灾难性的场景。"我一文不值，在了解我之后谁还能继续爱我呢？"病态情感依赖者把失去对方的恐惧等同于孤独恐惧，他们确信自己无法在这种失去中幸存下来，而缺失带来的痛苦将压倒他们。当对方的需求再也得不到满足时，他们只能在不被爱的羞辱中对自己感到绝望。这种羞辱会促使他们产生仇恨以及带有攻击性的和愤怒的情绪，这只是他们保持联系的另一种方式，他们不会完全断绝关系。

　　我们要记得：无论是哪种瘾，成瘾的快感均是满足需求的快感。需要的是什么并不重要，只要"供给者"完成了他的任务，成瘾者就会感到放心和安全。这种"供给"能持续多久呢？它的质量会保持不变吗？要付出的代价会不会增加？ 这些都是病态依赖者不断关注的问题，而这些关注会影响快乐的质量。的确，如果供给不足会怎样呢？对这些人来说，供给者是一个绝对不可替代的存在，他们自己很无力，不得不通过供给者获取食粮。万一供给中断了，他们将不得不转向下一个供给者，然后是再下一个……

迷恋他人（真实的和潜在的"供给者"）是病态情感依赖者的特征之一。他们对自己没什么兴趣，喜欢不断地倾听他人，窥伺他人的想法、情绪和计划，这样才能使他们避免审视自己的情绪……对对方的关注是为了缓解他们对维系关系的担忧。一个人拥有的信息越多，他的精神（和内心）就越平静。当然，前提是这些信息符合他们的预期，即他们的情感需求将被满足。执念和忧虑给人一种生活紧张的感觉，但也令人安心，它们证明了情感联结仍然存在。假如没有联结，失去联结的恐惧自然也不复存在。

对方或他人是病态情感依赖者最喜欢谈论的话题。与他人有关的一切都让他们着迷，他们知道如何倾听，对他人生活的每一个细节都有着惊人的记忆力，这也是他们避免思考的另一种方式，他人的问题和快乐要有趣得多！他们关注那些点缀他人生活的小事件，比如他人的忧虑、爱好和感兴趣的话题等。我们永远无法完成对一个人的探索，我们也永远无法结束对他人的讨论。

如同总有事情要为对方做一样，不管对方愿不愿意。他们总是有一些事情要为对方做，好像对方有点无能。不，这只是为了给他帮个忙……此外，让自己变得不可或缺是多么令人欣慰啊！人们会不停地来求助他们，毕竟他们有那么多的天赋和技能。是的，他们必须随时待命才能真正成为不可或缺的人，目前还没有人研究出更好的方法来帮他们实现这一目标。况且，当一个人被认为是不可或缺的时候，他就可以感受到更强的自尊，使得他几乎与他人平起平坐。不是吗？是的！他会因此而值得被爱……

融合：在对方身上失去自我

除了说"我只相信融合的爱"，我们还可以说，"我只相信溶解的爱"或"我只相信杂乱的爱"，等等，融合即一个人希望融入对方。在这种爱的形式或者说在这种爱的幻觉中，个体在对方眼中的自我是极其重要的，他们就像处在只喜欢自己或只爱慕自己的激情中。对此，最好的处理方法是制造一种混淆，使个体自己的存在被否定，融合中的两个生命将拥有一种奇特的关系……

32岁的朱丽叶刚刚给她的伴侣写了一封情书，她的伴侣爱着另一个女人。以下是一些摘录："我爱你，也恨你。我想待在你的怀里，我想拉开你的双臂。你是让我平静、给我安抚、让我笑、让我快乐的人，也是让我哭、让我心碎、让我受伤、让我失去所有信心的人。我害怕分手以及离开你……朝夕之间，我明白，你不是我的，你永远不会是我的。当我哭泣时，谁能安慰我呢？我可以向谁求助呢？你就不能给我打电话问问我过得怎么样吗？我看起来很糟糕，在我看来，你对我的关心本应该是很正常的。你只需要花5分钟时间，这就是我对你的全部要求……

"我不知道你是否觉得我沉闷、可怜和可悲……我不知道。我总是害怕做错事，害怕失去你。我的天，失去你会让我泪流满面！这将是发生在我身上最糟糕的事情。我知道，我们非常不同，但这种不同可以成为我们的力量……为了你，我愿意做任何事。你也可以要求我做任何事，我会永远在那里等你，我从未如此爱过一个人……当我需要你时，当我有问题时，当我需要和你倾诉时，你在那里吗？没有，你自我封闭了。你会去见你的伙伴们，却没有时间听我说话。如果你爱我，那么你会照顾我。你留我一个人，不关心我的感受，也不关心我的想法。你不在乎，你走开了，而不是试图理解我。如果你真的像你所说的那样关心我，那就证明给我看，让我脱离苦海。"

显然，与对方合二为一的愿望既是情感不成熟的结果，也体现了个体对孤独的恐惧。"如果我融入对方，那么我们就永远不会分开。"融合的反面是分离。"我越是与他人融合，我就越有价值，就越容易失去自我，离自己越来越远，直到我完全不知道自己是谁。但这真的重要吗？不，只有对方重要，只有那些满足我情感需求的人才重要。"因此，这种融合是完全合乎愿望的，它消除了个体对分离的焦虑，它能够让人找到一种情感上的安全感。这种融合类似于孩子出生前沐浴在羊水中的感觉，而出生正是第一次分离，它导致了最早期的分离焦虑。

　　这次初体验在短短几个月后就会伴随着个体化的痛苦，使人成为一个与母亲分离的个体，随后慢慢独立，成为一个用"我"来谈论自己的人。在相较更为空泛的"我们"中，个体的个性以及深层身份会被消解。融合从根本上消除了孤独，消除了所有的自我意识，导致了自我意识的丧失。难道它真的那么让人激动，以至于个体必须倾注所有精力和努力吗？大概是吧，病态情感依赖者是如此之多，他们真的非常不爱自己，才会浪费了如此多的潜力和精神力量。然而，他们又不得不信赖这些潜力和精神力量。这些人欣然远离自己，以尝试将自己融入对方，也将对方融入自己，并成为一体，他们在贪求情感安全的同时忘记了自己。浪漫的爱情是融合的最佳代表之一，其中的成分是绝对的渴求。在这种绝对中，恋人彼此融合并消失，他们被成为一体的欲望吞噬。

　　在对方身上迷失自我，他们确信这样能更好地服务和取悦对方，更好地猜测其欲望、愿望和向往，并将它们与自己的混淆。他们像变色龙，根据对方的爱好和兴趣、生活节奏、厌恶的事而"变色"，直到不再认识自己。他们忘记了自己的基本感受和情绪，忘记了自己的人生计划，忘记了什么对他们来说是重要的。他们不愿意倾听和真诚地表达自己，而是喜欢融合表面上提供的（虚幻的）安全感。这种选择是由孤独恐惧决定的。它是许多躯体化的根源，个体最初的表现是筋疲力尽。由于个体将构成他人的东西据为己有，将自己异化为他人，他们最终不再知道自己要想什么、说什么以及渴望什么。他人泛滥的思想和欲望掩盖并扼杀了他们自己的思想和欲望，带来极大的被动感，这使他们的生活变得特别艰难。与他们关系密切的人最终会厌倦这种惰性，认为他们缺少自主思考和自我肯定意识；这种奇怪的模仿行为也令人难以忍受，比如穿同样的衣服、有同样的想法和同样的口味……当不再知道自己是谁的时候，人们又怎么能坚持自己呢？由于"惹人不快"被明确禁止，个体的焦虑再次出现……有时在分开（对方决定结束关系）时另一方才能发现他的病态情感依赖到底多严重。他就像一个被遗弃的孩子，在发现自己孤身一人时迷失了所有方向。他只按照对方的（真实的或假定的）愿望生活，早就放弃了个人表达的欲望，他必须重新学会生活。

当一方的自我融合度很高时，他将一刻也不能忍受对方（与他有这种联结的他人）表现出任何疏远自己的倾向，哪怕对方只是单独待一会儿（独处是非常值得推荐的）。对方每次试图独处时，都可能反复遭受负罪感的攻击。病态情感依赖者经常会对他们抱怨，给他们越来越多的道德训斥以让对方不适（他们未必会对自己这么做），从而达到操纵的目的。他们很容易批评他人，却无法容忍他人的批评。在成为迫害者之后，他们贬低对方而让自己感觉更强大。他们会要求越来越多的爱的有效"剂量"来不断增加爱的标记。这种爱是一种"瘾"，这种贪得无厌的行为也有可能使对方感到害怕，对方会特别想通过保持距离来保护自己。正如所有形式的成瘾一样，这将变成一个恶性循环。供给者有弱点，他们的"产品"也有缺点，这会随着时间的推移显现。供给者不是神……

病态情感依赖者的脆弱性与关系的重要性成正比，为此他们的要求也将不断升级。若对方与除他们之外的人度过美好时光，拥有与他们截然不同的兴趣，或独自参加一些活动，病态情感依赖者是绝对无法接受的。"他们不欠任何人的，但一切都要归功于他们。"我记得有个男人禁止妻子上健身课，他愤怒地说："我不明白她没有我怎么还能感觉那么好。"当她去上课时，他怒不可遏。为了推行这一禁令，他发起长篇大论，讲述他的爱。即使在他的迫害者角色中，他也把自己当成受害者。他以自杀要挟妻子，或者威胁要把孩子带走。对于这些患者来说，融合是对抗孤独恐惧的"最佳"方式。这种融合"模糊"了他们自己与对方的界限，从而使他们既能忍受自我遗忘，又能得到在生活中一直极度缺乏的安全感。

无法被满足的期望

病态情感依赖者的期望有时过高且不合时宜，以至于无法得到满足。这种期望与童年时期的期望混淆在一起，当儿童长大，他们仍然希望从父母那里得到爱的标记。世界上从来没有任何人能够向另一个成年人倾注父母之爱，遗憾的是，病态情感依赖者没有意识到这一点，他们期望对方是世界上对他们最重要的人，而这是一个完全虚幻的要求。他们期待所有的关注，所有爱的标记，期待对方向他们证明他们是被爱的，他们是可爱的，并且这种爱是长长久久的。他们期望对方在乎他们，而严格来说这并不在他们的掌控范围内。

他们会向身边的每个人索求这种自己期待已久的父母之爱，包括家庭成员（兄弟姐妹，也包括子女和孙子女）、伙伴、配偶、老师、同事、工作中的上司、精神导师和心理治疗师……而任何"失败"（或未能达到这些期望）都会令他们愤怒和怨恨，这些期望也通常与当前的现实不符。想象一下，小时候，你非常渴望得到某个娃娃或某辆玩具卡车，现在成年了，若某个亲近的人送给你这个娃娃或这辆玩具卡车，除了感觉童年的愿望和现在的愿望完全不相符，你还会有什么感觉呢？这份不恰当的礼物也许并不会给你带来你小时候所期待的那种快乐。

　　50岁的西蒙已经离婚6年了，他与5个孩子以及前妻一起生活。西蒙大部分时间都在通过追求他人来对抗恐惧。许多女人在他的生活中来来去去，但他从未满足过，他觉得"总是有什么不对"。他长期情绪低落，睡眠质量很差。他说："我需要像水一样的爱，我希望被认为是最好的伴侣，我对我爱的女人有敏锐的洞察力。"显然她们并不承认这一点，恋情总是以失败而告终。"我无法和一个不能满足我的期望的人一起快乐生活，这就是为什么我不断认识新的人，我在寻找一个最终知道如何欣赏我真正价值的人，一个懂得如何爱我的人……"而他呢，他懂得如何去爱吗？

　　西蒙需要不断得到认可，他每次只花一两个晚上邂逅并爱上一个女人，然后很快就会厌倦、想离开、被分手或再和好。西蒙很累，浑身伤痕："我给了女人太多的权力控制我，我的精神状态很糟。她们一直抱怨，但没有一个人问我为什么抱怨她……我需要她们的爱，这是我唯一需要的食粮，但最后我总是失望。"

西蒙觉得自己被这些不懂得怎么爱他的女人羞辱了。他经常邀请朋友们共进晚餐，以感受自己的存在。当他感到被遗弃时，结束自己生命的想法曾数次涌上心头……

情感期望实际上是陷阱，对那些渴望得到爱的标记和给予它们的人来说都是如此。无论他们做什么，都会有不足之处，因为这种期望不符合当下的现实。挫折、幻灭和失望是追逐这些不可能的期望的唯一后果，期望实际依附于永远无法改变的痛苦过去。过去已成定局，试图改变它是注定失败的。为了不再受其苦而一劳永逸地将过去的记忆剔除，或者在生活经历与现实之间筑起高墙，都不是好的主意。这种否认只会导致过去的美好事物和我们多年来积累的各种经验崩塌，而那些高墙也只是陷阱和幻觉，我们的记忆会一直烙印在我们的心中，陪我们走到生命的最后。

不爱自己，怎么爱对方

令人不安的是，在倾听病态情感依赖者的讲述时，我会发现他们都要求被爱，却没有谈到提供等价的东西，即给予爱。以吕西安为例，他滔滔不绝地谈论对爱的巨大渴望，以及他为实现这个目标而在女性面前扮演的角色。维尔日妮也只寻找那些会爱她、会帮助她永远离开父母的男人，而他们都不适合她……如果你重新阅读上文的案例，你会观察到同样的情况。这些人坚持认为自己想让他人幸福，他们把所有美好的能量都投入其中，甚至在他人的欲望面前完全忘却自己，并忽略自己的欲望。他们被自己说服，确信自己在爱，确信自己懂得如何去爱。

人们普遍认为，只有足够爱自己，才能好好去爱。没有对自己的爱，就不可能给予爱。当然，人不可能成为自己的偶像（那叫自大狂），但从逻辑上讲，一个人只能向另一个人提供自己内在拥有的东西。我知道病态情感依赖者很难怀疑自己爱的质量，但他们的爱实际上并不纯粹。美国精神病学家欧文·亚隆（Irvin Yalom）使用了更为强烈的措辞，他提到了这些依赖类型以及各种混合关系类型（家庭、朋友、同事、爱人）中的功利主义观点。这意味着人们只是在寻找能满足自己需求的东西，却忽视了所爱之人的其他方面，更糟糕的是，他们几乎无法忍受那些。这是一种片面的爱，爱的不是一个人的整体。爱一个人不是逛超市，只拿自己想要或需要的东西；所爱之人也并不是一组货架，任由我们在其中选择合适自己的部分，并（在最理想的情况下）忘记对我们没用的部分。

伊夫 49 岁，他的情感生活并不简单。他目前正在办理离婚，与朋友埃丝特勒住在一起。他有 3 个孩子，最小的只有 3 岁。他与埃莉诺结婚 4 年，但很快他就需要一个情妇。在此之前，他与另一个女人结婚 20 年，并育有两个孩子，她毫无征兆地离开了他，并告诉他她爱上了另一个男人。为了不孤单，离婚后他立即到一家婚姻介绍所登记，在那里他遇到了埃莉诺。当与他结婚 20 年的人意外死亡时，他向埃莉诺求婚，这样孩子们就有了新的母亲。他同意了她想要一个孩子的愿望，他们 3 岁的孩子现在正被轮流抚养。他说："我期待着爱她，她很完美，很特别，只为别人而活。但我没有爱上她，我也没有爱上埃丝特勒，她也想要一个孩子。我觉得自己是个懦夫，因为我没有为改变这种状况做任何事情。与埃莉诺重归于好对家庭和孩子都有好处，但我对她没什么欲望，而且离婚手续也马上就要办成了。孩子们喜欢她，但这是一个好理由吗？我也怀疑埃丝特勒对我的感情，我担心她只是想要个孩子，她厌倦了就会带着孩子一起离开。

"我讨厌约束和冲突。我喜欢一个人待着，和我的 1800 本漫画以及我的电动火车在一起，它们占了一整个房间。那是一个让我快乐的地方，我在音乐室也是如此。

"我不喜欢这些问题……给我的生活带来巨大压力的是柏拉图式的爱情，尽力维系它让我精神恍惚。成年之后，生活就不那么有趣了。我希望停留在快乐的童年，在 5 岁到 15 岁之间……我很好，我也喜欢让人们觉得我很好。我有钱，能送出很多礼物，我相信我是一个好父亲，我和我的孩子们玩得很开心。"

被爱的人只能是基本必需品的供给者，他们存在于世上的意义将被简化为满足病态情感依赖者对爱的需求，然而这种功利主义绝不能取代爱。任何高质量的关系（与家人、朋友和爱人，甚至与同事的关系）都不可能建立在孤独恐惧的基础上。这种只关注自己要得到什么样的爱，同时相信自己满足了对方欲望的状态不是爱，而是对爱的需要，它就像自我遗忘和自我异化的交换条件。

失望也正是因此而来（我们在后文会再次谈这个问题）：病态情感依赖者对爱的需求是如此贪婪，世界上没有任何人能够完全满足他们。他们把对方捧得如此之高（让他只能从高处掉落），崇拜对方，为对方做出所有牺牲，但最终发现对方并不是那么可爱。渐渐地，对方将不像关系开始时那样被所有美好的形容词修饰，他们的各种缺点开始显露。当然，他们也不会承认对方只是一个陌生人，一个他们懒得去了解的人。说到底，他们不愿承认对方是一个真实的人，是一个可以与之亲近的人。

真正的亲密关系需要自我表露，如果一个人因为害怕不被爱而不敢向对方敞开心扉，如果一个人拒绝发现对方的深层身份以免自己失望，那么我们给了亲密关系这块"真爱的基石"什么样的地位呢？随之而来的将是失意和愤怒，我们选择在被抛弃之前先抛弃对方……

正如我们所看到的，情感上的不成熟会导致巨大的情感伤害和关系损害。孤独恐惧、以失去自我意识为代价与对方融合的渴望、无法被满足的期望、对付出真爱的无能等，很不幸，它们都是有问题的或病态的情感依赖者命中注定的遭遇。

第二章

摇摆不定的感觉：
爱的黑洞

从孩子出生起，他身边的成年人就应该接受他，如同渴望自己被接受一样。为什么这种说法似乎具有颠覆性？如果这个成年人位于孩子的处境，他也将希望得到同样的尊重。

为何会产生过度情感依赖

导致有问题的或病态情感依赖的大部分因素都来自家庭环境。在漫长的童年中，各种情感逐渐被雕琢成型，并伴随个体一生。我想在此补充一点：儿童忍受精神创伤的方式并非都是相同的。此外，如果父母酗酒或经常服用精神药物，那么孩子更容易出现成瘾行为，也更有可能表现出病态情感依赖，无论这种依赖之后将转变为何种类型。

童年故事

新生命在子宫内的经历绝非无足轻重，正是这些最初时刻决定了个体大部分感情生活的走势、人际关系状况和情绪状态。在孕期，母亲和孩子之间建立、发展并维持了深厚的联系，这是一种极其强大的依恋关系。事实上，认为人在出生之后才有心理活动的想法是很荒谬的。在相当长一段时间里，无论是普通人还是科学家都认为：子宫只是一个中性的、无声的、容纳孩子发育的口袋，是一个巨大的试管。这就如同他们深信未出生的胎儿只涉及生物学知识。幸运的是，这些观念如今已经消失了（至少我们希望如此）。在整个妊娠期间，我们非常清楚母亲（以及父亲）和孩子之间发生的一切都至关重要。情感交流的确存在，孩子完全猜到了母亲的心思，"母亲的一系列无意识举动[1]，也会在不知不觉中塑造孩子的举动"。

通过生物信息和情感信息，母亲在父子关系中也扮演着极其重要的角色，她是父亲的翻译。如果她与孩子的父亲有积极的情感关系，孩子也会对父亲的内在状态和情绪做出反应。当父亲感觉不适（压力大、疲惫或生病），忧心忡忡的母亲会把她的担忧传递给孩子，孩子会变得更加不安，他的动作的变化次数将明显增加。在怀孕期间，父母与胎儿交流的唯一模式就是一种完全基于情感的"语言"。在这一时期，母亲应当告诉孩子他的父亲是谁，这种参与能"永远"决定父亲的角色，然而母亲们并非总能意识到这有多重要。她们不知道的是：尽管胚胎的发育更多是由母体基因负责，但确保胚胎营养供应的附属器官（比如胎盘，它通过将营养物质与母亲可能输入孩子体内的致命毒素分离，从而过滤出营养物质）的发育则更多是由父体基因负责。这一生物学发现认定父亲对未出生孩子的发展有着举足轻重的作用，而此前，人们一直认为只有母亲才对此负责。此外，让父亲在孩子胎儿阶段参与交流，对孩子未来与父亲的关系发展至关重要。如果母亲当时没有这么做，将导致父亲在日后担任角色时困难重重。

---

1 潜意识显露，由西格蒙德·弗洛伊德（Sigmund Freud）提出，指个体无意识地用行动来表达内心被压抑的情绪和感受。——译者注

当怀孕在夫妻双方的身体、心理和情感上都是一件顺利的事时，当孩子是一种令人期待与喜悦的对象时，父母会感到骄傲和高兴。不知所措的父亲用温柔、惊叹和爱包围着年轻的母亲和幼小的孩子。父母将从最初的几秒开始，与婴儿建立爱的互动，即采用本能的包裹姿势、温柔的话语和喜悦的眼神。新生儿开始熟悉父母的气味，父母也是如此。

个体尘世生活的第一天是以分离为标志的，这是人经历的第一次分离。也正是在这个时刻，分离焦虑可能会出现，这等同于死亡焦虑。在出生时，孩子被残酷地送到一个新世界，被放逐出母体。出生这一事实本身就构成了人生命中最痛苦的磨难之一，这种磨难将被永远铭刻在心中，而个体自己却没有意识到这一点。当孩子没有立即从父母那里得到爱的标记时，当孩子因为医疗原因被送进重症监护室或保温箱时，这种痛苦会被刻在新生儿的记忆中，刻在这个被称为无意识的人储存所有经历和情感的地方。这种焦虑很可能在个体以后每次经历分离时被重新激活。母亲是否急着喂养新生儿，是否喜欢保持哺乳姿势以及与孩子接触，这些决定了孩子的依恋模式和安全感的质量。如果父母高兴，那么新生儿也会感到安心。父母所有的情绪，无论是愉快的还是痛苦的，都会被新生儿感受到。当出生不是一件快乐的事时，孩子将无法保护自己。

我们见过出生几小时甚至更短时间的婴儿在母亲的怀里挣扎，这表明孕期的依恋联结不够牢固。新生儿有能力了解自己是否受欢迎，不幸的是，他们已经能够注意到母亲有意识或无意识的厌恶或不耐烦的态度。他们的生存意愿因此受到破坏。我们都知道，怀孕并不总是符合预期，也并不总是在被祝福的情况下发生，没有人应该被责备。我们也知道，所谓的母性本能是不存在的。无论我们谈论的是母亲还是父亲，我们都应该谈论父母功能。父母功能是照顾孩子的需求，并通过成为一个"足够好的母亲"[1]满足孩子，即一个通常乐于奉献的普通母亲。在最好的情况下，母亲处于"原始母性专注"[2]的状态，并与她的孩子完全共生。在这个阶段，母亲和婴儿之间仍然没有界限，完全的融合对孩子来说必不可少。母亲能了解、感受并体验婴儿的大部分情绪，她经常与婴儿同时出现躯体症状。这种共生关系是病态情感依赖者一生追求的，当然，他们或许永远也找不到。母亲不应该越过她的职能范围，即在（孩子）周围编织一个"子宫"，这相当于把孩子无限期地留在了她的体内。占有欲强和过度保护的母亲就是这样做的，她们不想放开自己的孩子，或多或少也无法忍受孩子今后建立的其他关系。

　　原始母性专注这段时间的融合让孩子能够建立一个基础，在此之上他可以构建自信的个体，并确信自己无所不能。当这个时期结束，母亲要学着接受孩子在学习上遇到的挫折。否则，孩子以后

---

1 "足够好的母亲"是客体心理学的代表人物、英国精神分析学家温尼科特提出的，指的是这样一类母亲，她们可以在以共情为基础对婴儿达成理解和根据婴儿或小孩的表现来猜测他们的需求之间进行转换，从而适应孩子发展的需要。——译者注

2 由温尼科特提出的概念，指"足够好的母亲"在婴儿出生后数周内所处的心理状态，她们越来越淡化自己的主体性、个人兴趣和生活节奏等，越来越关注婴儿的活动，这是一种高度敏感的状态，能满足婴儿的愿望和需要。——译者注

将很难自主。由于经历了挫折，孩子在多年后就能逐渐脱离完全依赖。孩子的独立性建立在其承受挫折的能力之上，而母亲对此负有很大责任。

父亲功能是承担他对孩子的责任，孩子是由于他的缘故才得以在母亲的子宫发育的。父亲功能能确保母亲不会独占孩子，不会把她自己的生活局限在母亲的角色中。换句话说，父亲会提醒母亲：她是一个女人，她的女性气质不应该让位于母亲的身份。太多的母亲放弃了她们作为女人的生活，沉迷于满足孩子的愿望，而她们自己仅满足于她们的母亲身份。我曾多次听到父亲们抱怨妻子拒绝回归女性角色。"自从我们的女儿出生后，她就一直睡在自己的房间里。"如果父亲们受到这种（基于性的）夫妻生活失衡的影响，孩子们为此遭受的痛苦也不会少。在父亲的倡导和帮助下，母亲回归女性角色尤为重要。这会让孩子明白：她既是母亲，也是父亲的妻子，这也是对挫折的一个必要学习的过程。

儿童早期的安全感

婴儿和稍大一些的幼儿是依赖性的最佳代言人。儿童需要几年的时间逐渐完成分离，这样才能够成为一个自主的成年人，这种个体化进程是非常缓慢的。

如今，许多专家证实，父母和孩子之间的关系质量将有助于孩子充实地度过分离期，而依赖性会随着时间的推移而减少。正是这些关系的质量决定孩子和父母之间的依恋模式。这种依恋模式确实可以给孩子提供一些安全感，而安全感的多少则取决于孩子在早期阶段的体验。如果总体上体验是好的，也就是说，如果幼儿对自己的重要性感到放心，如果他们感到受到保护并处于父母关注的中心，分离就会得到推动，他们的身体发育和社会关系能力也会得到促进。否则，幼儿会感到不安全，对他们来说不幸的是，他们只能依靠缺乏安全感的依恋来建立个人价值感，并因此遭受情感缺陷。

根据一位蒙特利尔大学教授的说法，"依赖可以定义为一个依赖者对另一个人带有不安全感的依恋关系"。因此，这个人终其一生都会寻找一个人，这个人能让他放心并带给他其生命最初几年所缺乏的安全感。

父母无条件的爱对于孩子逐渐脱离依赖以获得成年人的情感成熟度是至关重要的。如果没有这份爱，孩子有可能陷入病态情感依赖。父母对子女的责任是为他们提供面对成年生活所需的一切，帮助和支持他们，当然也要教育他们，使他们有一天能自力更生。如果没有这种无条件的爱的保证，成年后的孩子将感受不到情感安全，那么他的生活关系将被无爱的恐惧所破坏，而这种恐惧是基于他不值得被爱的信念产生的。这种信念使成年的孩子产生羞耻感、孤独、内疚以及屈从于他人的欲望，他会对自己及他人的愤怒妥协，最终有可能导致抑郁。

　　婴儿的微笑是最有力的依恋行为之一，而之后的模仿性交流、眼神（婴儿的视力在 6 个月左右稳定下来）和初次亲吻将进一步加强亲子联结。如果母亲愿意，那么她将再次把父亲介绍给孩子。这个男人就获得了完全的父亲身份。婴儿和父母之间的积极情感交流有助于建立并发展自恋心理。这里我要强调一点，当母亲接受了父亲和孩子之间的这种接近时，她有时会放弃与孩子的接近。孩子需要母亲和父亲的同时保护，但令人惋惜的是，太多人的父亲是缺席的，不是身份上的缺席，而是职责上的缺席。父亲从孩子出生到青春期结束这段时间的缺席往往被视为对孩子漠不关心的表现，这可能导致孩子产生真正的心理问题。孩子的依赖是正常的，他的自主性只有在多年以后才会逐渐发展。从儿童早期开始，孩子会（无意识地）问自己关于安全感的问题，比如："我被爱了吗""我会永远被爱吗""我会被好好照顾吗"。孩子虽然没有明确意识到这一点，但他知道，他的生命质量取决于父母，即照顾他的人。

　　在吕西安两岁的时候，他的母亲离开了父亲。母亲再婚两次，最后一任丈夫有暴力行为。"我试图留在我的世界里。"吕西安解释说。吕西安向他想象的世界寻求庇护、防御和补偿，以应对他的软弱和恐惧。

　　由于母亲经常搬家，小吕西安直到 10 岁才再次见到父亲。

他从小就缺少一个既是引导者又是保护者的男性榜样。在他 8 岁时，母亲已经成为一个病态的酒鬼，这导致吕西安对第二任继父的愤怒越来越大。到 14 岁时，他觉得"要么我自杀，要么我杀了他"。由于没有解决办法，他变得越来越孤僻。在学校，他不和其他人说话，被叫作"怪人"。当他的母亲和她的丈夫吵架时，他脑子里会变得一片模糊。

在儿童和青少年时期，他只想着一件事：做好每一件事，以证明我对包括我自己在内的每个人都是有价值的，我想变得完美。为了生存，他必须克服自己的情绪（首先是恐惧，然后是愤怒和悲伤）。"我记得在我八九岁的时候，母亲晚上会出去喝酒，我被床底下的'怪物'吓得要死。当我还是个少年时，我眼看着母亲毁掉了自己的生活，我很难过……"

我们能理解吕西安对他人评判的恐惧，以及为什么他无法理解一个人要怎么爱自己的父母，因为他觉得父母是麻烦的家伙。他有一种"独自完成"的感觉，这很正常，他的父亲和母亲没有帮助他面对世界和其他人。他是一个孤独的孩子，自生自灭。大人们逼着他活在自己的想象中，这给他带来嘲弄。十几岁时，他写下：我被人嘲笑了。如今，在面对女人时他仍然感到尴尬，就像他早年的爱情一样，那时他写的情书被人无情地嘲笑。他很矛盾，尽管他被女人吸引，但他又害怕女人。最重要的是，他对母亲的感情非常矛盾。他怨恨她，又为她感到难过。很自然，对于那些他需要取悦的女人，他感到愤怒，就像那个不知道该怎么做才能让母亲摆脱困境的小男孩一样。

卡特琳的父母经常争吵（甚至互殴）。她说："我从来不知道从学校回家后会看到什么。"她的母亲经常以自杀作为威胁，而她的父亲则只关心她的学习成绩。"我不敢玩，我也不能笑，否则他们会觉得我疯了。没有人鼓励我，当我取得好成绩时，他们告诉我这是正常的；当我的作业没做好时，他们就责骂我。我母亲总是告诉我，她当时不想要我，因为她还没有完成学业，不想生孩子。"她的父母总觉得他们为她的学习做出了巨大的经济牺牲。"这不是真的，他们的生活非常好。最糟糕的是恐惧：我害怕母亲，害怕她的尖叫和耳光；我害怕父亲的言语和暴力行为。如今，我仍然害怕男人。"

关于艰难童年的例子太多了，一本书都写不完。

当一个母亲太忙（照顾其他孩子、工作或生病），没有投入足够的时间照顾孩子时，她就无法时刻关注孩子，这让人很不放心。"缺席"的父亲也一样，即使他们在场，也没有充分发挥他们男性化的优势。居伊·科尔诺（Guy Corneau）非常详细地描述了若父亲和孩子之间缺乏情感和情绪交流，可能对孩子的心理造成各种伤害。缺少母亲的关注会让孩子感受到冷漠，即使在婴儿期也是如此。这种情况对构建自恋而言非常有害。母亲是孩子的参考，如果母亲觉得孩子可爱、值得被爱，那么孩子就是可爱的。这正是病态情感依赖者在成年生活中拼命寻求的东西。对孩子（甚至是在婴儿时期）很少关注或不关注的母亲，会让孩子无法发展自己的个人力量感。相反，他们会形成一种信念：认为自己无能，没有必要做任何事。更糟糕的情况是，母亲会用孩子来安抚自己的自尊心。"你要完美，要完全按照我的意愿去做。"她们深信自己无所不能，对如何养育孩子也过于自信。她们会让孩子永远保持着无能感。这样，她们就可以暗中向孩子传递一个信息：你的作用是让我感觉良好，你必须让我感到骄傲，你必须对我保持顺从。

母亲的过度保护不利于孩子自主性的构建。与人们普遍的想法相反，过度保护根本无法让人安心，替孩子做一切会随着时间的推移摧毁他们所建立的自信。他们将无法面对成年人生活中残酷的现实。尽管母亲的意图确实是好的，但孩子将很难应对挫折，不了解或不够了解挫折。他已经无能为力，一旦进入这个世界，他就会感到迷失。同样，预测孩子的欲望也不是一个好主意，这会导致孩子缺少表达自己需求的空间。这些过度保护的母亲表现得像拯救者，她们总是认为自己知道孩子想要什么，什么对他们最好。

"我年轻时被保护着避开的不是痛苦、不幸，而是问题，因此我也避开了解决问题的能力。"一个母亲写道。有时，她们不惜阻止孩子思考，替他们回答别人的问题。我记得有一个患者向我介绍她两岁的儿子，她说："我叫阿蒂尔，今年两岁！"孩子的个人心理空间被母亲侵犯了，母亲不知道如何将孩子视为一个"正在形成"的人，不明白孩子有权表达合理的欲望和愿望。

随着孩子年龄的增长，父母与他们谈论的内容可能会非常具有启发性，父母必须从孩子出生就谆谆教导。虽然在孩子出生后的前几个月内，母亲与孩子的共生关系是必要的，但她们必须要一点点地让孩子构建"自我"。否则，孩子不会自发地有自己的想法或意愿，他认为自己没有权利或能力这样做。过度保护的父母通常具有很强的占有欲，他们向孩子发出"阻碍"信息，比如"你会永远需要我""没有我你将一事无成"。如果孩子在青春期不强烈反抗，不违反父母的禁令去做自己，那么所有的预言都可能成真。我记得我一位 34 岁患者的母亲。有一天，她打电话给我，问起她的"小宝贝"。贝亚特丽斯当时已经 31 岁了，她的母亲仍然对她说："你是我的宝贝，你知道的，你永远是我的小女孩。"贝亚特丽斯至今单身，她请朋友帮忙填她的"行政文件"，她确信自己对此一窍不通……

过度保护孩子的父母只会培养出害怕自主的成年人。被过度保护的儿童脆弱且易受伤害，在成年后仍然如此。面对变幻莫测的生活，他们束手无策。当孩子不被允许在一个保护性的框架内探索世界、接触他人，以及亲身体验时，他就容易变成一个情感依赖者。

你无法想象有多少人虽然按年龄算是成年人，但他们从未填写过纳税申报单或社会保障表。他们不知道如何组织假期或聚会，他们依靠父母、朋友或伴侣……我记得有这样一位母亲，她对 32 岁的女儿的伴侣非常不满。她写信给女儿："你需要的是我们，你父亲和我。只有我们能带领你的生活。"过度保护孩子的欲望往往是母亲焦虑的症状，为了让自己放心、提高自己卑微的自尊，她把自己的恐惧投射[1]到孩子身上，对孩子过度关心以至于把他囚禁在牢笼中，而她成为"看守"，施行专制政策。

新生儿与母亲的长期分离也会为产生过多的情感依赖提供温床。这种分离有很多原因：可能因为母亲的健康问题、母亲的工作、家里有一个重病的人需要母亲照顾，也可能母亲去度假了，父母离婚了。幼儿与父母分离的时间应该逐步延长，从几天到几周，然后到不超过两三年，直到十几年。否则，孩子们有可能将这些分离体验为遗弃，并成为害怕被遗弃的人，在内心深处，他们总是担心自己会被抛弃。

如果父母一方（或双方）是病态情感依赖者，那么他们对孩子的依恋既不健康也无法让人安心。一个高度依赖的母亲会成为女儿的"榜样"，一个高度依赖的父亲会成为儿子的"榜样"。他们成年后都会努力填补这种情感安全感的缺失。这些父母含蓄地要求他们的孩子在情感上照顾他们，并在这个过程中将他们成人化，即孩子必须让父母感到安心！温尼科特强调，"儿童天生就有关心的倾向"。当父母遇到伴侣问题时，孩子很快就会在他们之间充当使者，帮助他们，并很可能一生都在这样做。有些父母也许认为他们在做正确的事情：完全奴役他们的孩子，要求他们绝对服从和依赖，直到他们成人，甚至当他们已经为人父母……就像某位 42 岁女性的母亲，

---

1 在精神分析学中，投射是一种心理防御机制，指把自己内心的想法投射到外界（通常是他人）身上，这会干扰和破坏人们对外界的认知。——译者注

尽管女儿已经结婚并成为母亲，她仍然要求女儿每天至少给她打一个电话。

还有一种情况是，父母一方或双方都难以表达自己的爱，以及与联结和依恋有关的感情，这种表达匮乏会对孩子的自恋发展造成严重影响。如果父母有成瘾问题（如对酒精和药物上瘾）或严重的精神问题，孩子将很快没有安全感，也会有过早被成人化的风险。他觉得自己必须照顾父母中的一方，迁就另一方，等等。我不会在此描述一些父母会对儿童施加的不同形式的虐待，无论是身体上或心理上的，比如贬低、侮辱、反复批评、羞辱（并非总是有意的）等。我想强调，有必要禁止体罚，体罚是野蛮人和懦夫的做法。当一个人成年后，他将非常沮丧地发现，他并不爱自己，他缺少自尊，他没能建立起足够坚实的自恋基础。但他对此并不惊讶，而是感到羞愧。2009 年，奥地利电影制片人迈克尔·哈内克（Michael Haneke）因电影《白丝带》获得了戛纳电影节的金棕榈奖，这部电影因聚焦过度压抑的教育引发大家的讨论。

◎　　　　**孩子需要爱的标记和安全的环境**　　　　◎

要了解病态情感依赖的起源和发展，就不可能忽视个体漫长的童年岁月。孩子需要的并不仅是各式各样的礼物或漂亮昂贵的衣服，他们更需要适当的爱的标记和一个安全的环境，也就是说，父母能够承担起教育者的角色，履行他们的父母职能。一个孩子，从出生那一刻起，就需要无条件的爱。这意味着他的父母爱他本来的样子，无论他做什么，即使不听话或做傻事，他们都不会把自己的愿望强加给孩子。孩子是宝贵的，有价值的，即使他不符合父母的期望。他来到世界不是为了让父母高兴或治愈他们的过去的，父母给予孩子无条件的爱，才能让他接受自己本来的样子，接受他的独一无二。正是在这种爱中，父母融入了一种观念：他们有权反对孩子。孩子也很快会明白：真正能给他们带来安全感的，是父母必要的权威，而非父母哄他开心或引诱他的愿望。会有这种愿望是因为父母害怕让孩子不高兴，而这本身就是父母严重失败的标志。最近，我听到一个大约五岁孩子在商店里大喊大叫要买玩具的故事。他指责母亲不"善良"，而母亲给出了正确的回答：她在那里不是为了善良，而是为了教育他。

父母应该亲切地看着孩子，对他微笑，和他说话，爱抚他，拥抱他，亲吻他，以一种让他舒服的方式把他抱在怀里。父母必须要鼓励他，赞美他，重视他，逐渐发现他是谁，他的独特性，他自己的品味，并尊重他的成长节奏。重要的是父母要避免强迫他们。孩子能拥有健康心理的前提是需要和父母共同度过快乐时光，父母不能只在孩子生病或责骂他们时才出现；父母需要花时间了解孩子，向他表明大家关注他和他的兴趣领域；父母不要和孩子争论太多，但要知道如何以适当的方式去改变；最重要的是，父母不要批评孩子是什么样的人，责备他的个性，而是批评他做了什么，责备他的行为；无论发生什么，父母都不要羞辱孩子，特别是不要在其他孩子面前羞辱他，不要把他与其他人相比。任何形式的情感勒索都应该被禁止，它无疑会给孩子带来巨大的愧疚感，一种毫无道理的罪恶感。减少说"如果你不乖，你会伤害妈妈的感情""你快把我逼疯了""你撞到了桌子，伤害了桌子，应该请求它原谅"之类的话。

父母必须让自己的孩子安静地度过童年，不让他卷入大人的各种烦恼（工作、金钱和人际关系）；父母必须接受孩子的成长，接受他喜欢在家庭之外的地方待着；父母要允许孩子有自己的意见和想法，不会因为不同意父母的想法而感到内疚；父母不要通过某种形式的情感勒索或权力滥用，试图让孩子感到内疚；父母应该让孩子感受自己的情绪，用自己的方式表达爱意或不快。然而，许多孩子的情绪会扰乱父母和生活的平静，这就是孩子要消除或伪装情绪的原因。

若父母无法做到以上几点，孩子将无法在漫长而渐进的分离、个性化阶段取得成功，而这种成功对他的心理情感生活以及他的身心平衡来说是必要的。他对爱的需求是如此合理，却得不到满足，他将终身寻求这些需求，但却是徒劳。于是他将成为一个病态情感依赖者，爱的缺乏和情感缺乏将一直存在，而他对此毫无察觉。随后，孩子将异化自己的真实个性，变得不快乐。

当母亲（或父亲）抑郁时，她（或他）无法给孩子带来安全感，因为她（或他）自己本身就没有安全感。父母如何能重视孩子，帮助他培养自信和自尊，并鼓励他呢？如果孩子有一个抑郁的母亲，而父亲又太"忙"或不在身边，那么对构建自主性至关重要的自恋基础就无法被建立。至于患有死亡母亲综合征[1]的母亲，她们除了"管家式"的照顾，无法给孩子带来任何其他照顾，比如洗漱、穿衣和喂食，所有都是机械性地进行的，没有任何感情、拥抱、爱抚、亲吻或交谈……

同样，焦虑的母亲也无法让孩子安心。她自己都没有安全感，也不能给孩子安全感。我们身边都可能有这样的父母（父亲也会焦虑），他们将孩子带到一个"危险"的世界，到处充满陷阱，都是要"提防"的人；他们阻止孩子学习骑自行车，或任何其他可能"致命"的运动；当孩子哭了、受伤了和发烧了，他们因不知道该怎么办而惊慌失措，他们让孩子也因此恐慌。我有一个这样的患者，她女儿所有的哭喊声对她来说都像噩梦。孩子从出生起就发

---

1 法国精神分析学家安德烈·格林（André Green）描述的一种临床状况。他认为婴幼儿如果没能与母亲建立起亲密关系，母子之间缺少情感和情绪的连接，婴幼儿就会陷入强烈的"存在焦虑"。——译者注

片刻的爱与认可
只是支撑脆弱自尊的义肢

不断取悦他人
是激怒
自己
的最佳方式

没有对自己的爱
就不可能给予爱

自我
厌恶
是迈向
幸福生活的
主要障碍

只拿自己想要
或需要的东西

爱一个人不是
逛超市

没有独立
就无法连接

我们
注定是
自由的

人的首要责任是
尊重自己

请保持清醒 ⚠
重复唱悲伤的歌
⊗ 毫无意义

人不可能仅凭 →
行动就被深深地
爱上 ←

烧、腹泻、拒绝进食，疾病接连不断。至于父亲，他在所有与照顾孩子有关的事情方面都显得很无能，他很难让小女儿安心。我在这里想提醒一点，对于很小的孩子，他们虽然不会用语言表达自己的感知，却能完美捕捉父母的情绪（有时比父母做得更好），并以自己的方式很棒地"理解"情况。

因此，许多因素会导致病态情感依赖的倾向。例如，在子宫内的胎儿难以和父母建立联结，婴儿无法克服出生时的分离焦虑，孩子缺乏来自父母特别是母亲的关注，等等。病态情感依赖也可能来自父母的过度保护或家庭功能的失调。阿尔贝·梅米（Albert Memmi）认为："所有的依赖都是幼儿期依赖的接力。儿童特别渴望得到照顾和关注，成年人永远无法完全摆脱这种不安分的需求，仿佛儿童的生存就是依赖于关注。"我想补充的是，需求强度因人而异，取决于一个人是处于健康还是病态的依赖状态。

教育和伦理

几个世纪以来，教育方法（很幸运地）在不断发展，但人们教给儿童的主要美德仍然大致相同。尽管人们从幼儿时期就开始教育孩子，遵守这些美德很重要，但其中一些美德可能被"劫持"，很有效地助长了病态情感依赖。

自私得到了很不好的评价。孩子们甚至被告知：这是一个非常糟糕的缺点。他们总是被教育要对父母、兄弟姐妹、小伙伴和其他人好一点。当然，在家庭、学校和其他地方，与人和谐共处使生活更平静，但这种教育带来的危险有时也是非常真实的。

什么是好（即不自私的）孩子？在父母和教育者口中，他是一个顺从的孩子，什么事都说好，性情平和、乖巧、老实，不和兄弟姐妹争吵，不管对父母还是对老师都尊敬有加，从不违抗……一个好孩子就像一个大花瓶，上面画着一张脸，嘴角上扬，但眼睛是闭着的，孩子并不能表达他的感受。他必须吃父母给他的任何东西（即使他不饿或不喜欢），他不能说不喜欢菠菜，他不能表达自己的喜好，也不能坚持要自己喜欢的东西这样的孩子由于一直无法说出自己的欲望，最终只会无意识地压抑欲望。当他成年后，他将不知道什么能让自己快乐，不知道自己的欲望，只是一心满足他人的欲望。

一些定义

- 自私，指"只谈自己，且把一切都与自己联系起来的倾向"。
- 自我中心，指"把一切都与自己联系起来、只关注自己感兴趣的人和事的倾向"。
- 自我崇拜，指"谈论自己以及对自己的身体和心理人格进行详细分析的倾向"。

一个"好"孩子必须像他的父母那样思考，即使他不愿意。他不能说自己不喜欢某位叔叔，否则人们会说他"淘气"或"不听话"。他也不能说星期日和暑假期间在祖母家很无聊，因为祖母整天把他带在身边，他还要帮她收拾衣服。当他长大成人（或者进入青春期）时，如果有人问他的想法，他也不敢说什么，他认为别人为他考虑得太多了，他都不知道自己能做什么。一个乖孩子也不能表达他的感受，除了爱。他觉得如果母亲过于干涉他的生活（"你必须告诉我一切，我是你妈妈，你不能对妈妈有任何秘密"），或者父亲过于不公平，因为父亲在不知实情的情况下责备了他（"不是我打了达米安，是他伤害了我"），他也没有权利提出什么异议。

一个"好"孩子在玩耍时不会发出太大的声音，这会打扰父母，他认为父母很累，或者正忙于"重要"的事情，即使他们只是在玩电脑游戏或看电影。他应该安静稳重，以取悦父母或祖父母。尤其是，他在学校学习很好，但这是为了取悦父母，不是为了自己，他的好成绩让父母感到自豪。如果他不是一个非常聪明的学生，他就会受到羞辱，他将很快失去自信。

"你真是太无知了。"父亲对若阿娜说。在她 13 岁的时候，父亲有 6 个月没和她说过话，因为她的学习成绩不好。成年后，她花了很多年才完成大学课程。起初她维持着学业，然后又放弃。这种情况持续了十几年。由于被父亲贬低，她一直都很没自信。在若阿娜的整个青少年时期，父亲都告诉她："你什么都不是，一事无成。"如今，36 岁的她刚刚出色地完成了自己所选择的学业，并且是以第一名毕业的。

西尔维没有上学，现在已经 40 岁了，她非常后悔。在她的童年和青少年时期，她的母亲以"为她着想"为由，无意识地"禁止"她培养独立思考和学习的心理能力。如今，母亲已经接替西尔维在抚养她的女儿，因为她觉得自己更清楚如何对待一个孩子。西尔维一直保持着幼稚的状态，她允许自己被接管，并"辞去"母亲的角色，她被这个入侵型的女人取代了。母亲一直在贬低女儿，并阻止着女儿长大。她不是用语言贬低，而是对她的学习成绩漠不关心。至于父亲，他经常缺席，无法照顾女儿，他把女儿的教育委托给了妻子。

一个"好"孩子没有权利为自己考虑，为自己做事，因为为自己考虑是"自私的"。为自己辩解，有个人想法，有和家人不一致的兴趣、品味和愿望，这些都是自私的；有"不良情绪"，比如嫉妒、愤怒等，也都是自私的。孩子们为什么不应该认为自己很重要呢？为什么别人应该比他们更重要呢？45 岁的苏珊娜对我说："如果我有爱情生活，我将不得不离开我的母亲，但她告诉我，我这样做会背叛我的父亲。"她的父亲早已经去世了，她自私在哪里呢？

谁更自私，更经常以自我为中心？正是这种只从自己的角度看世界的父母。他们相信自己无所不知，并赋予自己对孩子的所有权利。他们遵循过时的原则，为了自己的称心、幸福培养孩子，而没有考虑到孩子的心理。他们的教育更多的是禁止而不是允许，他们制定的规则是不适合孩子的。那些规则太过死板，没有根据孩子的年龄进行调整。然而，正如弗朗索瓦兹·多尔多（Francoise Dolto）[1]所说："父母对其子女只有责任。"虽然他们不会松懈（孩子们为了让自己安心，需要规则），但为了成为真正的好父母，他们应当变得更灵活，并放弃他们最喜欢的辩词："我就是这样长大的，并没有长得不好！"这是一个非常糟糕的论点……他们应该接受孩子是独立的，而不是一个克隆人。

尊重父母并不意味着对他们的一切想法和要求说"好"，尤其是在成长过程中。人生不止有一种成功的方式、过得"好"或做得"好"的方式。然而，哪怕孩子有一点点不同意见，都会激起父母的愤怒或蔑视。意见相左怎么就是不尊重人呢？当然，如果发表意见前用带有侮辱或以轻蔑的语气表述，这就是缺乏尊重。然而这正是一些父母，最常见的是那些病态情感依赖者经常做的事情。"你太蠢了，闭嘴！""你只是一个12岁的小屁孩，闭嘴！""你太蠢了，你永远不会通过考试！""你很没用，闭嘴！""我不允许你这样跟我说话，闭嘴，否则你会挨打！"这就是迫害者父母的表达方式。有时，他们也会使用受害者模式："我们为你做了那么多牺牲，你还敢这样对我们说话！""难道我做了什么伤害你了？""你太让我伤心了，我无法理解你……""你没有权利这样对我说话，我不应该这样被对待……"的确，这些父母从未真正努力去了解他们的

---

1 法国著名儿科医生，儿童精神分析家，儿童教育家。——编者注

孩子。我想强调的是，我在此说的并不是那些经济水平较低的青少年，比如我们在某些电视节目中看到的那样。

我发现在一些家庭中，尊重只是单向的义务，孩子应该尊重父母，但父母不必尊重他们的孩子。爱丽斯·米勒（Alice Miller）反对无论在什么情况下我们都要孝敬父母的观点，她认为那是对儿童身体和心理的虐待。人们完全可以尊重自己的父母，但不必总想着在所有事情上满足他们或重视他们。如果你向一对父母指出：当他们用暴力表达对孩子的愤怒时，他们没有尊重孩子，他们会让你别管闲事。父母会回答："我有权利这样做，因为他是我们的孩子！"然而，如果一个孩子说对父亲的鼾声感到厌烦，鼾声使他无法入睡，或者对母亲每晚都让他喝的汤感到厌烦，那么这种厌烦肯定会被认为是缺乏尊重。然而事实并非如此，回想一些年轻的患者，我可以回忆起他们因缺乏父母的尊重而遭受了多大的痛苦。

索菲说："我 12 岁时，母亲开始把我的头发染成金色，她认为我不适合黑发（我的头发很黑）。在我 10 岁的一张照片上，她用黄色的毛笔涂画，让我以为我是金发！从很小的时候，她就让我节食，她认为女人必须要瘦，要很早为之准备。我们住在南方，她强迫我每天晒两个小时太阳，她认为要想漂亮，我就必须晒黑。如今，26 岁的我觉得自己又胖又丑。"

47 岁的芭芭拉体重超标。她说："我母亲在我的整个童年时期都告诉我，如果我很胖，男人就不会喜欢我。她是对的。

事实上，我的体重也代表了我母亲一生的故事。我的身体是圆的，就像她一直想留在身边的婴儿时期的我。然而她告诉我，她为我感到羞耻。"

幸运的是，罗马式的父权制不再是我们的生活常态，但许多家长和教育工作者似乎仍然沉浸其中，并没有意识到这一点。在一些阉割式教育方法中，宽容和亲切并不总是核心所在。（无论对男孩还是女孩）。"一个没有得到人格尊重的儿童，成年后会依附于他的父母或替代者，并期望从他们那里得到童年时被剥夺的一切。"在尊重的托词下，"阉割"以禁止的形式介入，可以用一句话来概括，即你没有权利做你自己。它的含义是：你很差，你没能力，你一无所知；你该尊重我，听我说，服从我，一切都会好起来的。然而一切都会变得很糟。尊重和信任都是靠双方共同努力获得的，不是吗？当父母并不能树立榜样时，他们的喊叫，他们明显的无能，他们的侮辱，他们对孩子的伤害性批评是尊重的表现吗？他们是否建立了自信和自尊？他们对孩子（邮件、日记或手机）的干涉是否能成为一种尊重的标志？这能激发孩子的信心吗？

至于对孩子的愤怒进行批评，似乎总是合情合理的。愤怒，这项罪名只是针对孩子，父母认为它与自己无关。一般来说，成年人也不会对"最弱者"（即那些承认他们权威的合理性的对象）进行干预。当然，教育者和父母有权表达他们的愤怒，从最初的不和到后来的狂怒。然而，愤怒只是个体对自己身上不喜欢的东西的一种反应。引起愤怒的原因很常见，对成人和孩子都是如此，但孩子不得不接受愤怒，否则，惩罚、批评或侮辱很快就会落在他们身上。孩子大多数情况下无权表达他们的愤怒，这是一个无可争议的事实。

有毒的父母

有毒的父母在许多方面都是无能的，他们无法将任何爱的能量和爱的能力传递给孩子。在孩子身上，任何形式的情感关系只能激起恐惧。爱会伤害人，无论是给予还是接受。在童年时期，这些孩子从未设想过父母不爱他们。不会爱或没有从孩子那里得到的爱的反馈的父母，给孩子灌输了对爱的恐惧。

有毒的父母有很多种，他们的"毒性"强度也各不相同，这取决于他们是否因过于软弱而无法承担自己的责任。他们没有为孩子提供足够的独立性和扮演成年人该有的成熟样子。他们可能多数时候都过于焦虑，没有让孩子准备好面对成年人的世界。他们过早地要求孩子照顾自己或他们，而让孩子成人化。他们这样做，就剥夺了孩子的童年。这让我想到了 25 岁的加埃勒，她从 4 岁起就独自与母亲一起生活。还不到 10 岁的时候，她母亲让她负责一周的采购，而在她不到 12 岁的时候，她母亲让她负责管理账户和待支付的账单。这些有毒的父母无视孩子的需求，而这些需求很快就不再被表达出来，甚至不再被感受到，特别是情感需求。孩子被要求满足父母和兄弟姐妹的需求。在这种类型的家庭中，情感勒索应是关注的焦点，例如，这类家庭可能存在酗酒或家庭功能障碍等问题，从而导致父母不稳定、不安全、不可预测以及随心所欲的行为，或者存在身体、精神、情感和性方面的虐待（即使是隐晦的）以及忽视。由于孩子还太小，无法很好地扮演他们被要求的角色，他们会产生一种自己永远不够好的感觉。他们经过多年的训练，成为拯救者或病态情感依赖者，这些孩子一直在被父母的无能和不成熟影响着。

　　玛丽 30 岁，她与她的父母住在一起，她不敢"抛弃"他们。她不知道自己想做什么职业，她从一个零工做到另一个零工，至今她还没有完成心理学硕士学位。"我在幼儿园时开始变得害羞，我在那儿 6 个月没有说过一句话。有一次，别人玩的时候我在睡觉，我被遗忘了。我感到悲伤和孤独。我的父亲给我留下了深刻的印象，而我的母亲让我感到窒息，如今她对我说话仍像是对一个 12 岁的孩子一样！她很偏激，把一切都戏剧化，把别人的不幸都揽在自己身上。她总是料想最坏的情况，我总是看到她在吃饭的时候喝醉酒。对我来说，做任何事都很难。一想到要做一些事情，比如打电话、询问、主动出击，我就感到恐慌。我知道我很拘谨，我特别不想搞砸任何事，也一直害怕让我的父母失望。这很奇怪，我总是害怕被遗忘，即使是和我的朋友们在一起，我真的觉得我在各方面都是一个无能的人。"

利斯记得，从她在城里上 6 年级开始，住在乡下的父母就把家里的 4 个孩子（彼此年龄非常接近）安置在一个公寓里了。利斯是 4 个孩子中的老三（只有她一个女孩，所以要照顾另外三个男孩），她要负责照顾她的兄弟们。这个 12 岁的未成年女孩发现自己有 3 个"孩子"需要喂养和照顾。她不得不为他们洗衣服，确保他们完成作业。她生活在恐惧中，担心他们会出什么事。7 年来，当她明明自己也在上学时，她扮演了兄弟姐妹们的母亲的角色，她没有一刻（甚至没想过）在照顾自己。

还有一些有毒父母的"毒性"体现在他们爱支配、操纵孩子，目的是保持对孩子的控制。这种支配不一定是以过分严格或严厉的方式进行的。有些父母已经修炼出一种完美的操纵艺术，以至于他们不再需要通过口头表达来获得他们想要的东西，采用非语言交流（眼神或态度）就足够了。他们还可以通过展示自己的慷慨和奉献精神来操纵孩子，以至于孩子被束缚住手脚，根本无力反叛。在早期，孩子就学会了接受一种可能会持续一生的精神支配。他们完全受制于一种想要控制孩子现在和未来生活的欲望，有时是出于好的意图，但也有坏的意图。一位患者曾经向我描述了她母亲对她造成的"情感阻碍"："她希望我和她所期望的一样，她不喜欢真实的我，而喜欢我应该成为的样子。"

有毒父母的信念

　　似乎所有有毒的父母都对如何养育孩子有自己的想法，以下是一些毒性最强的信念。

- 孩子在各方面都必须按照父母的意愿行事。
- 孩子必须优先满足父母的愿望。
- 孩子并没有真正的个性，他们必须听从父母的指示。
- 孩子不必要求，甚至不必问，父母知道什么对他有好处。
- 孩子必须成为父母的骄傲。
- 孩子不能让父母生气或失望。
- 当孩子听从父母的话时，他的一切都会很顺利。
- 孩子要为父母对他施加的惩罚负责。
- 一个被倾听的孩子会变成一个任性的孩子。
- 一个被夸奖的孩子会变得过于自负。

　　遭受父母虐待的儿童大多有心理问题，这是不言而喻的。我现在来介绍贝尔纳的情况，他在一个非常不正常的家庭中长大。

　　贝尔纳今年38岁，已婚，有两个孩子，他来治疗是为了"求救"。他的个人和职业生活都很"失败"。他总是紧张、沮丧，脑子里塞满了东西，再也无法思考或做任何事情。他的妹妹自杀了，"她表达了我无法对父母说的东西。"他的哥哥因受不了父母，在18岁时离家出走了，从此杳无音信。"至少，他有勇气尽快离开。我直到30岁才与他们决裂，还是因为我妻子逼我这么做。"

　　"我的父亲是个懦夫，他对一切漠不关心，而我的母亲歇斯底里，非常暴力。父亲出门后，她会不停地打我们……我的外祖父是个酒鬼。我一直很乖，从不说'不'，永远低着头。我无法抵抗、自卫，直到今天也做不到。我很快学会了保持低调、保持沉默，无论发生什么。我的父母虐待我，我感到自己内心充满暴力，这让我害怕。我被教育不能有任何个人想法、欲望和愿望，并拒绝任何形式的快乐。我只学会了被动，在面对别人时变得透明，以及取悦所有人，最重要的是不犯错。通常，我只说让对方高兴的话。我有严重的社交障碍，这是我的本性，我不知道如何与人相处。当我的母亲大喊大叫时，我对一切都感到内疚……很长一段时间以来，我有一种死掉的感觉，或者是不存在的感觉。我在生活中感到如此无力，没有能力做任何事情。我想对父母大喊：'让我向前走！'但我总是为自己的样貌以及我是什么样的人而感到羞耻。"

　　父母不知道（或似乎不知道）的是，童年的所有经历和情感都将被铭刻在成人身上。许多病态情感依赖者一生都受到父母的影响，无论父母是否还健在。他们害怕让父母失望，害怕"背叛"父母，这种情绪会引导他们的大部分行为。他们不断地寻求爱和认同，从朋友、爱人和心理医生那里，或者在精神或职业生活中。他们还试图补偿多种成瘾积累的缺陷，正如我反复说的，所有形式的成瘾都是有问题的或病态的情感依赖的症状。"当同样的补偿方式成为一种无法抑制的需求，而必须在焦虑甚至内疚的痛苦中得到满足时，补偿就成了一种强制行为。这就是成瘾。"

　　你会更好地理解一个人是如何成为有问题的或病态的情感依赖者的，以及上述的行为和态度是如何建立的。一切并非巧合：有些父母或成年人对孩子来说是有毒的，因为他们曾经也遭受了自己父母的毒。他们缺乏爱，也不知道如何给予爱。这就像一条锁链，每一个环节都传递着糟糕的爱或无法去爱的信息，他们将这种情感和生活传递给了下一代。但这绝非诅咒，只要我们意识到这一点就有助于打破这条锁链。

那么多痛苦的情绪

　　病态情感依赖者的感情生活是极其痛苦的。他们不喜欢自己，他们在悲伤和抑郁之间摇摆不定，真正轻松、快乐的时刻很少。他们的情绪总是不安、焦虑，而平静对他们来说是陌生的。如果情绪没有转变为愤怒，那么带来的沮丧感是巨大的。而这一切都是患者对自己不讨人喜欢的一种内疚。他们被一系列的情绪占据，每个都比下一个更痛苦，一些转瞬即逝的光亮并不能抹去或是减弱这些情绪。

自我厌恶

自我厌恶是迈向幸福生活的主要障碍，它会让人们远离自己的欲望，即渴望被爱的行为、想法和态度。他们认为没有被爱的原因很简单，那就是自己不配或至少他们自认为不配。许多患者都没问问自己这是否有充分的依据。他们把自己的童年故事当作自己不值得被爱或一文不值的"证明"。年仅 19 岁的露西告诉我："当我身边的人对我不满意时，我愿意做任何事情让他们爱我。我可以成为一个拖把讨他们开心。"马加丽哭着说："我是透明的，我是一个影子，我没有生命……"我们已经看到，当家庭环境没有为孩子提供良好的爱和安全感，没有接受他本来的样子，没有提供保护，或者更糟糕的是，当家庭支离破碎时，家庭会对孩子的心理和情感生活造成巨大的伤害。

孩子缺少的且成年后仍然缺乏的是一个基础，即自恋的基础，而良好的自尊正是在此基础上历经多年建立起来的。这是符合逻辑的，他已经过度适应了父母的要求和强求，只因试图得到他们的爱。孩子扮演了强加给自己的角色，牺牲了自己的身份和个性。由于孩子的需求、欲望和想法被否定，因此他疏远了自己的真实本性。作为一个成年人，他认为自己很无能，为此只能向他人寻求自己没有的东西，从而形成并滋养病态的依赖性。这种无力感总是伴随着自我贬低，仿佛他们童年时听到的批评都是有理有据的。他就这样被父母影响着。

我们知道，酗酒患者在情绪低落时开始酗酒（酒精也会让人情绪低落）。这种低落情绪有时会被掩盖，在酒精的作用下，患者可以暂时"忘记"自己的难处。当酒精的麻醉作用消失后，绝望总会回来。同样的事情也发生在病态情感依赖者身上：得到一个爱的眼神，似乎一切都会变好；收到一个飘忽的眼神，似乎一切都会变糟。尽管个体的自尊不能始终保持不变，但它还是可以保持在一个良好的水平。当自尊不存在的时候，或者当个体自尊感低的时候，其波动的振幅就会在错误的方向上更明显。那么，患者要做什么来证明自己是可爱的呢？无论做什么，他们最终总是发现自己的"无能"。一个朋友给你分享他刚做的姜饼，你接受了，并强调自己根本没有能力做同样的事情；一个朋友向你展示她是如何布置书柜的，你赞美她，并说自己根本没有能力做同样的事情。

任何事情，无论多小，都会被缺乏自尊的人用来贬低自己，他们认为无论是在自己还是他人眼中情况都是如此。他们通过一面扭曲的镜子观察自己，认为自己丑陋、愚蠢、无能、不够格、不值得被爱，且永远如此。即使他们在意"表象"，他们的生活看起来令人羡慕，但对他们来说，这也只是装点门面的东西。他们不重视自己，不喜欢自己，他们会贬低生活中的一切积极因素。如果有人赞美他们，那么他们就会转移并消灭它。"我们不喜欢自己所做的，也不喜欢自己现在的样子，我们从根本上来说是无能的。"而且，由于他们一直在批评自己，所以很难承受别人的批评。不得不说，这些人已经受够了批评。批评充斥在他们近 20 年的生活中，再多一个都嫌太多，只有他们自己才有权利批评自己。列纳尔在他的日记中很好地描述了自己极低的自尊："我非常喜欢称赞。我不会引人称赞，但在别人不称赞我的时候我会很痛苦。当我得到称赞时，我会立即喊停，不会让称赞我的人像我所希望的那样把称赞继续扩大。从一次又一次的经历中，我确信我不是为任何事情而生的。我想把事情做好。我也希望有人，任何人都好，能注意到这一点。幸福就是快乐，而不是让别人相信你是快乐的。"人们只能欣赏这种写作风格，而对其内容感到遗憾。可怜的胡萝卜须[1]被嘲笑，这有什么可奇怪的呢……

　　克里斯泰勒今年 38 岁。她与帕特里斯生活了 3 年，她抱怨他们关系很僵。她无法和他交谈，无法表达自己，和她年轻时她的父母一样，他们一直在争吵。如今，克里斯泰勒在她的职业生活中感觉也不是很好。"当我的团队不需要我的帮助时，我很失望，当我必须在会议上发言时，我很害怕。我总是害怕

1　法国作家儒勒·列纳尔（Jules Renard）的小说《胡萝卜须》中的主人公，讲述了一个十几岁的男孩，经常受到家人嘲笑和挖苦。此处作者用他来呼应前文日记中的自我描述。——译者注

让人不高兴。我也为自己感到羞愧。快 20 岁时我还会尿床。母亲说我小时候没有给她带来任何麻烦，当然，除了尿床。帕特里斯取笑我的狂躁，我确实总是在打扫卫生……我受不了脏东西。我将别人对我的目光视为一种真正的约束，这是无法忍受的。无论如何，在生活中，人永远不可能得到自己想要的东西。"

伊内斯今年 45 岁，单身，多年来她一直远离她的家人（他们在西班牙）生活在一个小单间公寓里。她至今没有拆开搬家时带来的所有箱子。她说："我感觉非常糟糕。我有一种非常遥远的感觉，认为我的生活是失败的。我对自己的外貌自卑，它破坏了我的生活。我感到空虚，处于巨大的情感虚无中。虽然我在青春期喜欢独来独往（以避免与父亲的冲突、混乱、愤怒和对抗），但如今我深受其害。我有很不错的大学学位，但我错过了一个当老师的工作机会，这是我一生的遗憾。所以我随随便便找了个工作，感到很无聊，挣的钱也很少。我的社交生活很单调，我对友谊非常忠诚，我只有两个朋友……在很长一段时间里，我是妹妹的'母亲'。

"我的父亲冷漠、专制，易怒（所有孩子都被他吓得发抖）。我的母亲有活力、细心，但她总是不得不假装一切都很好。几年来，她一直处于抑郁状态。我 9 岁的时候，姐姐告诉我，母亲当年曾想过把我打掉……我不知道如何照顾自己，也不想在意自己。我听过很多关于男人的坏话，我没有接近过任何男人，从来没有。我为此感到羞愧。我也曾经爱过一个人，就在 5 年前，但对方毫不知情。我越来越胖了，从高中最后一年开始，我觉得自己像一头待人照顾的大牛犊……"

迷失在对方的欲望中是使个体感觉还活着的唯一方式，自我厌恶会使个体将满足对方的欲望转化成义务，一种因有价值、有意义而赋予了个体存在感的义务。若被对方认可和接受，自我厌恶者就有了活下去的理由，并在某种程度上接受自己，赋予自己最低限度的价值。这种极端的依赖、得到对方认可的期待和紧张程度越高，这些患者就越否认自己本身的价值以及自己身上值得被爱和欣赏的一切。当所有的品质、潜能都被否认时，他们将不再看到自己最好的一面，而是看到自己令人讨厌的一面。

为了能够更好地"爱"对方，或者更好地服务对方而疏远自己，他们最终会更鄙视自己，对自己感到羞耻和内疚。一些患者在谈论自己时用了"败坏"一词，这说明他们的自我厌恶强烈而深刻。他们的自尊常常受到伤害，长期以来，他们最大的敌人一直是自己。他们内心冷酷无情的"法官"一次又一次地谴责了他们。而当他们意识到自己的依赖性时，他们更加憎恨自己，因为这是一个无法被接受的弱点，这个弱点必须被隐藏好。他们与他人的交谈中可能开始出现谎言，因为他们必须维持表面形象。他们会愤世嫉俗并大肆讽刺一切，当然这是针对他们自己的。自我厌恶也来自他们对他人认可的期望和认为自己毫无价值的想法之间的矛盾，人们总是遇见这种矛盾。如果我一文不值，如果我没有能力，我又怎么能得到别人的赞赏呢？

多米妮克今年 46 岁，她的生活"与众不同"。在经历了几段令人失望的，甚至有羞辱性质的关系后，她独自生活了 6 年。她的父亲几年前去世了，他非常暴力且酗酒。"我生活在姐姐的阴影下，她是母亲最疼爱的人，她们现在仍然生活在一起。姐姐生了一个男孩，他已经 18 岁了。母亲只想要男孩，而她有两个女儿，这个外孙是她的一切，她认为这是一个真正的奇迹。然而她又讨厌男人，她一直说希望我们的父亲死掉。十几岁时，我也希望他离开我们，因为他真的太让人难以忍受了。"多米妮克与母亲的关系一直非常亲密，同时也非常矛盾。她既需要母亲，又拒绝母亲。只有当她恋爱时，她才能与母亲保持适当的关系。

"小时候我就厌食，如今的我仍然吃得非常少……我母亲曾告诉我她不想要我，她在怀我的时候曾有过堕胎行为。矛盾的是她只为自己的孩子而活，她不读书，也没有任何朋友或兴趣爱好。我对男人的恐惧来自父亲，他让我惊恐不安，而我对男人的憎恨则来自母亲。寻找一个男人是我的全职工作，我非常害怕自己爱上孤独。我像一些孩子一样，试图忘记所有的负面信息……但仍有一些回忆涌上心头，比如母亲曾对我说：'如果不是你，我本不用忍受你的父亲。'她还说：'享受你现

在穿的白裙子吧，你不会结婚的。'

"我对父亲也感到非常内疚，如果我更爱他，那么他就不会去世那么早。我定期去他的坟墓，为我曾希望他离开的想法道歉。我也对母亲感到内疚，我的出生毁了她的生活。我永远都不会原谅自己。我一无是处，是个失败者。我甚至没有能力为自己负责。一个多年的朋友，或一个前任，给了我生活的依靠……我为自己感到羞耻。"

成瘾者会表现出一种有意识或无意识的自我蔑视。一个非常成功的商人或企业家或许是工作狂，他活着只是为了获得越来越多的权力控制别人，从而掩盖他的痛苦、消沉和孤独感。对性的疯狂追求、赌博成瘾以及其他强迫性行为，也大多是由与病态情感依赖有关的自我蔑视所激发的。没有化学药物的成瘾往往是通过行为控制内疚、抑郁或焦虑的尝试，显然这种尝试是不成功的。这些行为是为了排解个体无法忍受的痛苦情绪：孤独感、绝望和焦虑。自我蔑视、自我厌恶和自我憎恨密切相关，它们会让人做出自我毁灭的行为。例如，一个人离不开一段令人痛苦以及对心理和情感生活都有害的关系，或者反过来，因为太过害怕被抛弃而提出分手。对许多人来说，这种被抛弃的恐惧感比孤独更加令人难以忍受。

这种人从不说"不"，总是随时为他人服务，对自己的事和自己的想法缄口不言。自相矛盾的是，这些人过滤了人们渴望和期待的赞美或爱的标记，认为自己不配得到它们。病态情感依赖者总会有意识地选择给予而不是接受，他们永远不会是"要求"这个动词的主语。如果要求了却被对方拒绝了呢？那就更糟糕了。这让我们回到了马丁·塞利格曼（Martin Seligman）提出的"习得性顺从"（或"习得性无助"）模型——分析抑郁症的主要模型之一。不将自己的所作所为和所获得的结果联系起来的人会变得很沮丧，对生活采取宿命论的态度。这种宿命论和无助感并不妨碍他们相信：如果他们努力，如果他们知道如何为对方做出充分的牺牲，那么就有可能得到爱。即使这种信念被分离破坏，它也会在每次新的相遇中重新出现，并带来希望。

从悲伤到抑郁

如果个体于童年时期遭受或长或短的持续性症状，那么长大后，好的情况是人会变得消沉，糟糕的情况是人会变得抑郁。我想提醒一点，大多数抑郁是由未表达的、转向自己的愤怒产生的。当一个人有不被重视、不被好好爱的感觉时，当他被误解、受到不公正的批评时，他怎么可能不感到悲伤、痛苦和忧郁呢？我前文提到，当儿童回应父母的行为以及回应环境中的某些成年人的行为时，他们出现了**反应性抑郁**。当他们成年后，自己也搞不清楚是抑郁造成病态的情感依赖还是病态的情感依赖造成抑郁。重要的是，病态情感依赖和抑郁是联系在一起的，即使有时抑郁是隐性的、不明显的。这种人只有通过完全切断自己的情感和情绪才能正常生活。

从悲伤到抑郁的情绪（无论是隐性的、非典型的，还是被证实的），都是在一种难以补救的匮乏中诞生的。孤独、对孤独的恐惧和悲伤本身都使人感到悲伤。病态情感依赖者的整个生活都围绕着悲伤展开，悲伤的程度因情况和环境各异。这种悲伤是付出一切却一无所获的感觉。即使这种想法是毫无根据的，它也仍然存在，这才是最重要的。

　　伊内斯很沮丧，她已经进入"幸存"模式。她不仅有职业、家庭和人际关系方面的困难，还生病了，病症在身体多处显现。医生给她开了各种各样的抗抑郁药，但只能减轻她的情绪强度。她的身体为了控制情绪而分泌了过多激素，激素异常导致了卵巢囊肿、体重增加和严重的多毛症。内分泌专家的治疗并没有成功地稳定她的病情。消炎药解决不了她右肩的慢性肌腱炎，疼痛常常使她无法入睡。于是她的医生增加了抗焦虑药，这终于使她的焦虑抑郁综合征得到缓解。她还被诊断出患有静脉炎。伊内斯经常感到疲惫不堪，这是抑郁症的表现之一。最近，她面部鼻窦和扁桃体出现了囊肿，还有垂体瘤……伊内斯的身体在述说着抑郁症。

　　67 岁的纳迪娅一直很焦虑。她说："因为男人。"她从未有过将自己的生命掌握在手中的感觉。"7 年间，我在完成学业后（我是一名德语教师），生活在一个无人之地，由母亲日夜照顾我。在精神病院，我咨询的精神科医生说我处于严重的退行状态。我设法工作了几年，但后来因为工作能力丧失早退了。我非常后悔，我喜欢教书。我的脊柱一直很差，为此我看过近 50 位医生。虽然我服用强效止痛药，但多年来我一直失眠，感觉从没有休息过。在我的情感生活中，对我影响最大的人是我的母亲。她告诉我她曾经不想要我，因为我父亲欺骗了她。我父母对我的教育非常严格，我没有权利犯错。我认为我没有被爱的感觉。然而，只要我认为自己被爱，我的身体就能停止受苦。我的身体一直都是这样运转的。我相信必须付出努力才能得到回报，我是在这种想法下长大的，即使这个信息没有表达得那么清楚。我还是个完美主义者。我对自己没有信心，我一直想控制自己。我的理疗师告诉我，这就是为什么我的肩膀和背部肌肉如此僵硬……即使今天，一想到不被别人认可，我仍会哭。当我痛苦的时候，我告诉自己，我糟透了，我不应该痛苦……"

无论是悲伤还是抑郁，身体都会表现出来一些症状。情绪是嵌入身体的，所以情感依赖度高的人通常更容易生病，而且经常生病。他们的免疫系统不是很强，而免疫体统与压力的关联已无须讨论。他们的身体诉说着他们所遭受的一切。

塔玛拉今年 30 岁。她患有慢性抑郁症。她说："独自一个人令人难以忍受，这让我感到害怕。我可以随便跟哪个男人一起，但我总是害怕他离开我。我讨厌自己这样，但我无法控制。我母亲是一个非常坚强的女人，而我不是。我讨厌男人，我觉得他们都很坏。我在寻找一个集父亲、丈夫和朋友于一身的男人。我已经好多了，没有强迫症了，但生活不能给我提供任何东西，我不知道我是否能长期这样下去。"

虽然这种悲伤的根源是缺乏爱，但多种后果使它变成了抑郁症，这是一种自我厌恶的标志，一种深刻的、精神上的无爱。

从不安到焦虑

病态情感依赖者的恐惧是多方面的。它们是如此之多，交织在一起，以至于可以引起严重的焦虑症。焦虑是一种没有确切对象的巨大恐惧，太多的恐惧混在一起，导致我们无法再分辨它们。没有目睹过真正的焦虑症发作的人是无法想象的，我仍然可以清晰地回想起那个被汗水淹没的患者，他低着头，双手紧紧抱着膝盖，脸色通红，无法说话，全身僵硬。我又想到另一个患者蜷缩在椅子上，一句话也说不出来，像树叶一样颤抖的样子。当你读到本书的这一部分时，你就会知道这些人害怕冲突，即使是一些很小的争吵或不和睦。他们害怕不讨人喜欢、被负面评价、不够可爱、无趣、不完美、犯错误、没回应好对方的需求、脆弱、让对方心情不好等。你还会知道是什么使他们焦虑（不一定是语言上的），比如分手、分离、拒绝、缺乏爱、孤独、被遗弃等。

　　保罗今年 34 岁，他和朋友一起生活了 5 年。"我无法为自己的生活确定一个方向，我从来没有安心过。十几岁的时候，我有强迫症，但那已经过去了。现在它又回来了，我每天早上和晚上都必须触摸物体来对抗我的焦虑。在工作中，我感到被背叛、被欺骗、被玷污。我无法把积极的东西守在身边，只保留了消极的一面。我的家庭一直很沉闷。在这个世界上，从来没有人听过我的话，我的朋友也让我窒息。我想念父母，尽管我知道和他们在一起时，我的状态很不好。即使现在，当我去看他们时，我也因害怕而睡不着。从小时候起，我就一直害怕母亲的死亡。我一直在受折磨，并觉得我不了解自己，就好像我是个陌生人一样，这让我感到害怕。我甚至不知道我想要什么。

　　"小时候，我就生活在恐惧中。当父母外出时，当他们让我去地窖时，当其他同学取笑我时，我都觉得很害怕。我的父母无论在物质上还是情感上都让我没有安全感。在很长一段时间里，我是母亲烦恼的知情人。事实上，我很想念他们。我好想最终能成为独立的人！但一切都很困难，我非常害怕独自生活，也不喜欢自己。我服用抗焦虑药物，但这只是恐惧的一个'创可贴'。我需要父母鼓励我、重视我……即使和朋友住在一起，我也感到孤独。说到底，他只是我的一个拐杖，而我害怕他，不相信他。我希望被爱，我讨厌我的现实生活，它使我焦虑。我人生的底色就是持续的焦虑和不满。我并不觉得自己真的存在。我有一种无可救药的孤独感。"

莫德 30 岁，自从开始工作以来，她的焦虑症越来越严重。更糟糕的是，她害怕恐惧。惊恐发作使她无法正常进食，除非她和父母在一起。她的父亲本身也有焦虑症，且一直非常专制。她的第一次严重恐惧出现在 8 岁时，当时她与没有带她去度假的父母分开了。"我总是害怕让人不高兴。为了让自己安心，我会负责别人的工作，这是能让我平静下来的唯一时刻。我对别人的目光太敏感了！"

莫德、保罗和其他许多病态的情感依赖者一样，感受到的不仅仅是苦闷。

从失落到愤怒

当一个人最好的精力都用在寻求爱和认同上，用在取悦对方上时，失落会不断积累，最终变成愤怒。如果他人要对病态情感依赖者的幸福负责，那么从逻辑上讲，他们也要对其不幸、痛苦和失望负责，他们才是罪魁祸首，是这些患者感情不成熟的替罪羊。"最容易发怒的人是那些认为自己必须永远讨好别人以避免刺激别人的人。"不断取悦他人是激怒自己的最佳方式。由于被这种满足他人需求而不是自己需求的强迫感挫败，病态情感依赖者总是充满怨恨。对他人（他们故意为之牺牲自己）、对自己，都出于同样的原因。但这是一种瘾，他们不能有其他做法，至少他们认为是这样。

他们通过忘记自己、异化自己、无视自己的真正需求，为自己的情感安全（或者说是情感安全的假象）"买单"。他们太执着于满足别人的需求，总是生活在失望中。

　　25 岁的拉腊在写给男朋友的信中说："我一晚上都没睡。我应该给你打了 30 多个电话，但你的答录机总是沉默……我给你留了两条信息，我哭个不停，所以你应该难以听懂……我整晚都在想你，告诉自己你并不在乎我，我只是众多人中的一个。我还想，我不是唯一一个让你欺骗你妻子的人，一定还有其他人。我只是一个接班的，一如既往。你为什么要这样对我？为什么你明知道伤害了我却不回答？我恨你，我发誓当你这样做的时候我是真的恨你！30 个，我给你打了 30 个电话，你却一个电话都不接！你明明就在！假期即将到来，你依然很凑巧地没有时间来见我……你真是把我当白痴，怎么能这样！我在你的答录机里哭泣，而你就这么算了？你根本不在乎我！怎么能如此麻木！

　　"现在我真的恨你。我认为你是个终极混蛋，我竟然会蠢到爱上如此无礼、没用的人，真让人痛心。你的所作所为令人恶心。现在，在这一刻，我恨你。我以前从未如此恨过任何人。什么样的男人会这样对待他在意的女孩呢？你是个什么样的男人？当你照镜子的时候，你会怎么想？你不是个男人，你不负责任，你在逃避……你甚至不知道如何说再见……"

在伴侣关系中，如果一方在情感上过于依赖另一方，那么在安抚和愤怒之间的来回折腾将是永无止境的。

　　"她要求什么我就做什么，她会意识到的……"
　　"如果他至少能听我的，如果他能按我的期望去做，那么我的心情就会好一些，对他也会好一些，但他让我太失望了！我不知道该怎么办！"

　　他用自己的善意安慰自己，她还是失望，他失落了，她把他推开了……同样的事情一次又一次发生。当愤怒没有得到充分控制时，积累的挫败感最终会变得强烈，很可能让人猝不及防。愤怒的表达形式有时是不愉快的语气，有时是一出口就让人后悔的话语。实际上，由于愤怒，病态依赖者取悦对方的努力程度会降低，他们可能抱怨和责备，而他们想不惜一切代价逃避这种局面。之后，他们可能披上善意的外衣，指责对方不守信。这些反转让人联想到"地狱三角"，即当拯救者变成迫害者时……"我所有的努力都是无用的，我做了我能做的一切，甚至没有得到感谢。他不值得我去做这些麻烦事。总之，我做得越多，得到的感谢就越少。我已经厌倦了道歉……我怀疑他是否真的爱我。如果他爱我，那么他会希望我快乐，不是吗？他会使我的生活更轻松，更愉快！但是没有，我一直都是那个必须付出努力的人，在他不开心时把一切归咎于自己。不，很明显，他不爱我。"

一切都是他人的错

病态情感依赖者将他们的不幸归咎于他人。为了获得幸福而遇到巨大困难时，他们会说服自己"他人难以爱他们"才是他们痛苦的原因，对他们来说显然这更舒服，也不会那么让人不快。他们不会质疑自己有办不到的事，他们坚信自己爱的技艺很高超。他们把自己和儿时的自己混为一谈，认为他人应该像父母一样对他们负责，更何况他们经常感到被剥削，而且"报酬"非常低。这种把错误归咎于对方的行为在一对伴侣中经常出现，当一方非常苛刻，要求比另一方更多时，他最终会怀疑自己是否真的被好好爱着。如果是，那么对方本应给他更多的关注和陪伴……

"什么都好，什么都不够，我们该向谁要求，该谴责谁。我们将永远怨恨那个我们寄予厚望的人，而他对我们的愿望没有回应，或者回应得很糟糕。"正是这样，这些人感到被虐待，他们恶狠狠地认为：他人要对他们的不幸负全责。

陷入既指责他人又寻求他人给予爱的矛盾中是非常痛苦的。矛盾是幻灭、失望的来源，反过来又会引发愤怒，有时还会引发非常激进的态度。预期的"好"结果并不总是与我们所做的努力相匹配。愤怒是由非常令人不快的依赖意识滋养的，这是一个完整的闭环。从失落到幻灭，从失望到怨恨，一段关系只会经历不可避免的挫折。出于义务满足对方的欲望，只付出努力而没有真正快乐，只会导致过度依赖的人狂热地等待"投资回报"。对方为此欠下的债务只能以爱和感激为现金，用爱的标记来偿还。对方不断负债，因为努力该是持续的。在绝望期待的熔炉中，怨恨就这样被锻造出来了。

　　朱利安 37 岁。他已经和女朋友一起生活了 3 年。"由母亲引起的阉割情结[1]至今对我仍有影响；她还"阉割"了我的父亲，他总是畏畏缩缩，不是一个好榜样。我一直试图拯救世界，帮助我所爱的人。我母亲教我这样做，她是为了自己。她必须能够随时依靠我。她曾告诉我，我是她理想中的丈夫！和女朋友一起，我重新找回了愤怒感。在我生命的构建中，有太多不属于我的东西。和她在一起，我太沮丧了，我们不再有亲密关系。我已经到了一个饱和点，再也无法让她安心。我甚至不知道我是否还想这样做。最终，我过着狗一样的生活，错过了简单的快乐。我不知道我是否能够原谅父亲的懦弱以及母亲

---

[1] 弗洛伊德精神分析理论术语。指男孩害怕丧失生殖器官，女孩幻想曾有过男孩的生殖器官，后被阉割而心有余悸。这些通常是由长久的恐惧造成的。——译者注

对我的利用。"

病态情感依赖者无法进行任何革新。在童年和青少年时期，谁
又没听过父母谈论他们欠下的爱的债务呢？这会延续到患者成年之
后。"我怀了你、照顾你，你就这样感谢我？你简直忘恩负义！""我
们为你做了那么多牺牲，你至少可以多来看看我们。"在现实中，
人们为之牺牲的对象或多或少也会被认为是债权人，人们认为对方
必须根据其得到的东西给予感激和爱，甚至要支付挫败感带来的利
息。选择很有限，人们唯一可能的选择是保持沉默，在沉默中咆
哮，或者冒着破坏关系的风险表达愤怒。这种抉择是典型的被动攻
击行为，两极之间的振荡几乎是恒定的。被动性表现为抱怨、哀叹
和眼泪，而攻击性则表现为愤怒，有时甚至是暴力。

　　安妮克今年 41 岁。她在 3 年前与丈夫结婚。她患有湿疹、
哮喘和关节炎。"我母亲不知道如何给孩子爱。为了不让人们
看到我哭，我曾把自己锁在柜子里。我父亲是个酒鬼，因为我
从来没有在他面前哭过，所以他打我的次数比打其他孩子多。
我告诉他，他很恶毒，并和他对峙。我仍然对母亲非常生气，
对父亲也是如此。我不能，也不会原谅他们，没有任何理由。
这种愤怒有时让我想消失。我不能生孩子，因为我的肚子里装
满了'旧东西'，我很后悔不能轻松一点。但我还是很高兴，
我终于对我的兄弟们感到愤怒了，他们曾让我吃了那么多苦，

他们总是让我成为挨打的那个人……"

从病态情感依赖者的角度看，失落和愤怒再合理不过了。他们只知道给自己强加努力、约束和责任，这是他们存在的理由。如果不授予自己权力，去过一种他们渴望的生活，他们必然感到愤怒。为孩子、配偶、父母、朋友、工作等牺牲自己，只会令他们产生挫败感。与如此迫切的期望相反，这种牺牲行为应该是"免费"的吗？如果它源于真正的利他主义或爱，源于深刻的信念，那就是了。但事实并非如此。极端的关心并不总能带来互利关系，它是一种病态的依恋，在这种依恋中，恐惧和责任感混在一起，披着被视为美德的奉献的外衣。

内疚

在童年和青少年时期，当孩子意识到自己要对父母的情绪负责时，就很难不觉得自己有过错。在沟通分析理论中，有一种心理游戏叫"撕裂的母亲"，即"为了生你，我吃了那么多苦"。如果父母的情绪是快乐的，那还好，但如果是失落的，那就明显变糟了。例如，那些因生活质量差或身体疲劳、焦虑和烦恼的母亲产生的烦躁、愤怒或悲伤等坏心情……孩子还要为惩罚负责，因为父母认为是孩子"迫使"他们这样做的。所有形式的内疚都是无用的。就病态情感依赖者而言，当内疚与他们年轻时可能有过的行为相联系时，这种感觉是完全没有充分理由的。然而，如果他们真的曾经伤害过某人，或过于强烈地表达过他们的愤怒，那么他们在成年后确实会内疚。这种感觉不一定会持续，也不一定会破坏一段关系，特别是当"错误"很小的时候。只要错误本身不是被幻想出来的，那它的严重性就会被幻想夸大。在这些情况下，自我惩罚的程度远远超过了罪行本身。但是我们别忘了，对完美的痴迷只会导致长期的内疚，而这种内疚是很难消除的。我们离开安妮克时，她还带着愤怒，现在我们发现了她的内疚。

> "我很生气，我不知道如何与母亲沟通，我从来不知道该怎么做……她不知道如何保护我不受父亲的伤害，我为此责怪她，但她可能也非常害怕他。我邀请她参加我的婚礼，结果她竭力和我保持距离，就像我得了瘟疫一样，我不知道该如何接近她……现在父亲去世了，她的生活肯定会好起来，但她独自背负着糟糕的记忆……她不知道如何成为一个好母亲，而我不知道如何为她成为一个好女儿，我感到非常自责。"

然而，最深的内疚感通常是无意识的，且存在理由也很充分，它是"对自己的侵害"。欧文·亚隆引用奥托·兰克（Otto Rank）的话说："我们感到内疚是因为浪费生命，因为我们未曾真正活过。正是这种给人最痛苦的体验的内疚，使病态情感依赖者每天都在自我毁灭。"

一个人因做错事感到内疚是合理的，这是一种正常的内疚，它基于具体的事，且可以通过赔偿或在可能的情况下通过请求宽恕来消除。这往往是一种轻微的内疚，不需要人们予以过多考虑。但那些并非基于实际言行的内疚，其严重性被放大了，而造成最痛苦的自我愧疚却不容易被意识到。这种内疚会直接导致自我厌恶。比起没有做对方期望的事情、没有正确履行自己的职责，这种形式的内疚要强烈得多，它从内心深处侵蚀着人们。它不会使人成为他人的受害者，这是一个自己与自己的故事。这个最糟糕的故事可以概括为简单的几个字：我为浪费生命而内疚。

这几个字对人的情感生活和心理造成了严重的破坏，其危害性远远超过对自己生病的或过世的父母的怨恨（父母生病或过世本身已经非常令人内疚了），也超过对自己因在言语上伤害所爱之人而感到的愤怒。我们所说的内疚，比"存在性内疚"要糟糕得多。这是一个无意识的地狱，会摧毁任何幸福的可能性。

马洛里今年 37 岁。她曾是一个孤独的、爱做梦的孩子。她从小学开始咬自己的脸颊内侧，到中学时她开始揪自己的头发，直到最后患上了脱发症。她为自己的情感孤独流泪。"我一生中曾深深爱过两个男人，可他们都离开了我。我不明白为什么。我给了他们爱，竭尽所能减少对他们来说太沉重的负担。我倾听他们，给他们温柔与陪伴。这不就是爱的方式吗？我对他们能造成什么伤害呢？我是他们的护士、母亲……小时候，我总是很焦虑，担心自己不能做好这些，青少年时期也是如此。

"我有一种巨大的恐惧感，但我从未表达出来。我对他们感到内疚，他们没有从我这里得到他们想要的东西。我的母亲曾经向我倾诉心事，但我没有认真倾听。我想成为一个真正的女人，那种女人味十足的女人，但我母亲非常害怕这样，她不相信我。我非常渴望被爱，好让自己变得更强，跨出母亲划定的禁止范围，感受自己的存在。没有爱，我感觉自己不完整，但我不想违背母亲。我为她感到难过，她没能拥有一个快乐的青春。同时，我也怨恨她，她曾想扼杀我心中的女人味。我也会责备自己不该怨恨她。我没有被允许成为一个真正的女人，没有被允许按自己的意愿生活，但我从未说过什么，因为我不能让父母失望。我生自己的气，因为我不听自己的话，从不说'不'。我很想知道如何表达感受，如何变得更自信。我想在这个世界上成为女性，成为成年人，让自己变得完整。我要离开那个不能保护我的茧，我想确认作为一个女人的需求，充分体验自己必须经历的，并完全为自己而活。

"我想保持对不公正的愤怒，与之斗争，并停止将人理想化，尤其是对那些伤害过我的人。我不想再认为我们总是必须赞同我们所爱的人，在他们感到不适的时候扮演情感救护者。"

洛伊克今年 30 岁。"当我必须做出选择时，我从来不知道应该先满足自己还是取悦父母。我所做的一切都是为了父亲。他让我选择学业这条路，尽管我对很多其他事情更感兴趣。他所做的一切都是为了把我变成一个'内疚机器'。我忍受着，并机械地反应着，而没有主动，我所做的一切都是为了向他证明我是一个好儿子，他（终于）可以爱我……我想遵循自己真实的选择，但我不知道什么是真实的选择。我脑子里一直有他的声音。我既生他的气，也生自己的气，因为我没有尊重自己。我努力做自己，但最后我认为我并不知道自己是谁。我想相信自己的价值，但我只知道如何委曲求全以取悦家人。小时候，母亲没有保护我免受父亲的伤害，我不敢在父亲面前表达自己，因为我太害怕他的惩罚和羞辱了。我必须摆脱他的影响，停止寻求他的认可。"

埃马努埃莱说："我结婚是为了让皮埃尔高兴，我生病时他对我很好！就像我一直试图让我的父亲高兴一样。我曾试图拯救我的家庭，顺应父母的意愿，而我内心其实是个叛逆的孩子。在现实中，我所有的反抗都变成了投降……"

人的首要责任是尊重自己，并充分体验自己内心的丰富。因此，内疚具有如此大的破坏性，并能蹂躏一个人的自尊心，这也不足为奇。病态情感依赖者不再与自己、与自己的情感有任何亲密关系。在他们的人生道路上，他们首先背叛了自己，然后遗忘了自己……

共生依赖

到目前为止，我已经谈到了病态情感依赖及其多种表现形式。我现在要谈谈共生依赖的概念，即依赖着对方对自己的依赖。最初，这个术语被用来描述与酗酒者或瘾君子一起生活的人。如今，其含义已经扩大，用来描述所有因拯救一个沉迷的、上瘾的、粗暴的或过度依赖的人并对其负责，而使自己成为受害者的人。

事实上，许多人都会被那些总体上表现不好的人吸引（无论爱情还是友情），这并非偶然。一位患者曾告诉我："我不明白为什么我总是被问题男人吸引，他们可能有病，或者有一个非常不正常的家庭。我一个都没躲过……或者说他们谁都没错过我。"另一位患者，一直都很同情她的丈夫，她说："如果我离开他，他还能打谁呢？"还有一个患者，她后悔自己执拗地"爱上"了那些严重酗酒和药物成瘾的男人。共生依赖意味着需要照顾某人，以至于忘记自己。在最糟糕的情况下，照顾者会希望这种情况继续下去（当然这是一种非常无意识的愿望）。共生依赖者全身心投入地照顾对方，为对方提供永久的情感安全，让对方能够面对自己和自我毁灭的行为。这种安全感一旦被剥夺，会让患者异常痛苦。伊丽莎白是一名护士，也是一名共生依赖者，她（无意识地）选择了一个她确信能充分体验共生依赖感的职业，毕竟护士总会有患者需要照顾。

传统意义上，女性往往被培养成完美的共生依赖者，她们共生依赖的对象很多。比如工作负担过重的丈夫（她们必须尽可能地支持和帮助丈夫，不需要他承担任何管理家庭的责任），她们的孩子（她们全身心照顾孩子，丝毫没有想过可以为自己抽出一点时间），有时还包括她们的父母，友情的维系，以及一些剥夺了她们从众多工作中挤出的片刻自由的任务。作为交换，她们得到了一定的物质安慰，得到了丈夫和亲友的尊重。她们还从中获得了"绝对不可或缺"的高度成就感，这意义重大！共生依赖是她们生存的理由，再无其他。她们中的许多人毫不吝啬地批评那些为了谋生轻率地放弃这些义务的女性，认为这些女性的行为是以牺牲家庭幸福为代价的。

虽然社会在不断发展，但仍然有太多的人因为过度的同情心、近乎病态的同理心或责任感而最终陷入共生依赖。这时，同情会变成怜悯。"我不能让她处于这种状态。是的，她得来和我们一起住，直到她好起来。""当她向我求助时，我不会挂断她的电话！她已经很不开心了！"等。伴侣关系、家庭关系和朋友关系是滋生共生依赖的良好温床，是每个人逃避自己的责任、否认自我遗忘的绝佳方式，我对此已经举了很多例子。然而，这对自我异化也有有益的补偿。

一般来说，如果一个人认为自己要对他人的情绪负责，那么他就是有共生依赖性的。这个话题范围很广，它不仅仅存在于伴侣关系中。此外，问题不一定出在对方身上，可能出在共生依赖者身上。他受他人的感受和行为影响，反过来又希望通过控制来影响他人。对他人所有的行为和执念，都是为了满足他被爱的需要。随时待命能让他不那么讨厌自己，并重视自己。我们在共生依赖者身上发现了病态情感依赖者的所有心理和行为症状，认可、爱和赞许就是他们的"毒品"。

在与共生依赖者交往时，一方一直被迫处于一种有问题的情境，这是最大的陷阱。共生依赖者的信条是帮助，必须有人需要被帮助，否则他们将毫无用处。虽然他们不会制造问题，但他们会（无意识地）希望对方总是需要他们。无私并不是他们的强项，但他们的病恰恰在于此。正是出于这个原因，他们无法设想结束一段关系（无论是家庭的、友情的或爱情的），哪怕在这种关系中，他们和其他人都在缓慢地"死去"。正如我们前文所见，分离对他们来说是不可想象的。那些让他们受苦的人，只要对他们还有需求，就不会把他们吓跑。当他们累了，感到沮丧和不满的时候，尽管他们很痛苦、绝望，但无论如何，他们仍能感受到一点点存在感。

对控制的需要

共生依赖者是痴迷于控制对方行为的人。他们不仅控制对方的行为，还控制对方的身份。梅乐蒂·碧缇（Melody Beattie）说："这种对人和事的控制是通过不安、内疚、胁迫、威胁、过度建议、操纵或支配来实现的。"共生依赖是一种对对方施加权力的工具。伊丽莎白告诉我，她的父亲没有遵循她的所有医疗指示，她对此感到很愤怒。"他正是因此而去世的。"与酗酒者生活在一起的人永远在抱怨和控诉。共生依赖者一刻也不会放过他们，责备和鼓励、威胁和眼泪会轮番上阵。

　　共生依赖的人知道什么能做与不能做，什么是对与错，什么是正义与不正义，什么是被允许与被禁止（这就解释了为什么有些人明明无法照顾自己还想拯救整个世界）。他们拥有知识、技能和诀窍，并不断地将其强加于人，毫不意外，这往往引起反抗的行为。这让他们非常生气，愤怒让他们感到内疚，内疚又促使他们变得更"善良"……尽管共生依赖者幻想改变对方（在对方成瘾的特殊情况下），但他无意识的愿望是对方不应该改变。如果对方变了，共生依赖关系就不存在了。

　　愤怒、内疚和善良并不是共生依赖者所独有的，那些成瘾的人也会经历这些情绪。有一个男人，他很自豪自己赚了很多钱，他从不想让妻子工作。她在物质上对他产生了依赖，但她在家里很无聊，于是就开始喝酒，直到变成了一个酒鬼，而她丈夫的共生依赖也诞生了。之后他会责备她花太多钱，喝太多酒，而她想引起他的同情，她感到抱歉，并保证再也不会喝酒……他安慰她……但他没有做任何事阻止她在家里喝酒，他没有做任何事让她摆脱无聊，他还阻止她加入志愿者协会。他把她留在身边，任由她产生共生依赖。他既"慷慨"（不要求离婚），又专横（禁止她和其他女人出去）。他将他的受害者置于掌控之下，他需要这样做以维持关系。

　　当然，这一切都是以爱的名义。"这是为了帮助对方，成为有用的、不可或缺的人。对方是个可怜人，不知道什么对自己好，也不知道该怎么做。这是我们知道如何做好的事情，也是我们唯一能做好的事。这也是我们的责任。你们知道的，这未必总是一种乐趣。但你们还想要什么呢，这是我们活着的理由……而且这并不总是那么容易。我们默默地忍受着，我们必须坚强，否则就没有人可以依靠了……"

共生依赖者喜欢干涉他人的事情，这是一种代理他人生活的行为。他们能够提建议，并在必要时对他人进行说教。他们的善良、利他和温柔的面具使他们能够打开他人生活的大门。这是一种侵扰，而他人起初并没有感受到这种行为。但是，一旦温柔稍稍褪去，面具就会落下，他人将不再允许这种侵扰，共生依赖者不得不咬牙切齿地愤怒离开。"大家"拒绝了他们的帮助、支持和建议，这是他们无法接受的。许多共生依赖者也躲在受害者的面具后面。当他们扮演受害者角色时，他们会更强大。怎么能不对他们手下留情呢？怎么能拒绝他们呢？操纵总是有效的。

共生依赖的夫妇

夫妻关系是把两个共生依赖者聚集在一起的组合。给予、帮助是病态情感依赖者的主要关注点。对于夫妻间的共生依赖，女人的话更能解释这一切："如果我的丈夫快乐，那么我就快乐，因为这要归功于我。如果他不开心，那么我也不开心，并感到内疚，因为那是我造成的。"

回想一下"有毒的父母"一节的贝尔纳，他来治疗是为了寻求"帮助"的，他已经结婚了，并有两个孩子。他的妻子布丽吉特和他一样是一个病态情感依赖者。贝尔纳是她的拯救者，她也是他的拯救者。两个人共生依赖，各用各的方式。布丽吉特不断地批评、责骂贝尔纳，她对他的所作所为从不满意。她在他们的孩子面前称他为"无能的人"。他自我封闭，沉默不语。她抱怨说："在我经历了这一切之后，你本应该对我好一点。"而他只是躲在办公室里，告诉对方他有工作要做。他不抱怨，也不（用语言）表达任何想法，但他的愤怒是巨大的。布丽吉特很紧张，爱吵架，而他躲在平静的表面背后。他们两个人都将婚姻的不幸归咎于对方。布丽吉特不让他在外面和朋友见面，她也不想在家里招待任何人，所以她一直拒绝购买扶手椅或沙发。她像母亲一样照顾他，却很有攻击性，而且嫉妒心很强。贝尔纳越来越拒绝服从布丽吉特，然后却得到她更多的侮辱。近两年来，她一直拒绝与他有任何亲密行为，他们甚至不睡在同一个房间。她一怒之下，打算离婚。他没有任何感觉，他不相信她，不再爱她，梦想着与另一个女人在一起。

　　他们之间的沟通越来越困难，内容仅限于家里的琐事、准备饭菜和孩子们的活动。实际上，双方都无法确定对方对自己的感情，并责备对方的所作所为。两个人都没有得到足够的爱。布丽吉特期望从贝尔纳那里得到"一切"，而贝尔纳也期望从布丽吉特那里得到"一切"。"一切"首先是修复他们缺爱的童年，是解决他们所有挫折、失望和人际关系的神奇方法。"一切"非常含糊不清，含糊到对方难以满足。布丽吉特不爱自己，贝尔纳也不爱自己。他们都希望对方能给自己带来自己不曾有的东西：自尊、尊重和欣赏。

拒绝现实

看完这些案例，你可能认为我在夸大其词，认为我"过分"了。不幸的是，我并没有。而更让你惊讶的是，那些聪明、出色的人，与现实的关系都存在问题。病态情感依赖者在某一时期，会把自己（即使是无意识地）视为无力的受害者，需要他人帮助才能生活。他们没有意识到自己的生活关系在很大程度上取决于自己，是自己建立的。虽然他们在年轻时严重缺少爱，但他们并没有试图理解和清醒地看待他们接连不断的情感失败，也没能阻止后面的事情。

否认现实

这种病态关系中引人注目的是：遭受这种病态关系的人可以把否认作为首选的防御机制。否认即拒绝审视现实。这不是一个有意识的决定，但它确实存在，且经常存在。我想说明的是，否认与压抑不一样，后者是另一种防御机制，指不知不觉地压抑自己无意识中的欲望。这些机制在孩子身上很早就建立起来了，它们是被无意识建立的，以保护个体不受现实中某些方面的影响。与压抑不同，否认指一种现实被否定，被有意识的解释所取代，而这些解释是基于深刻的信念的，导致产生种种问题行为。

马蒂厄今年 37 岁。他非常爱夏洛特，他发现这段关系非常复杂。他说："我非常爱她，从我看到她的那一刻起，我就爱上了她。但有时我觉得她并不像我爱她那样爱我。在她的家庭中我很受欢迎，在那儿我感到非常舒适。她还和我的兄弟姐妹成为好朋友。她要是早知道我已为她准备好做任何事就好了。为了离她更近，我搬到离她近的地方，之后，我又为她买了一套公寓，相信她会和我一起住。她告诉我现在同居还为时过早，但我们的关系已经持续 3 年了。我知道她独立，我也会尊重她……去年，我把所有的空闲时间都用来帮助她成立自己的公司，我们所有的周末都在一起，几乎所有的晚上也在一起。我有无数的理由可以白天经常给她打电话，但她不接听我的电话，这也很正常，我知道她很忙。我很高兴她需要我。现在她的生意已经开始运行，并且进展顺利，她对我表示感谢。我将继续尽我所能让她感觉良好，让她对我感到满意。"

夏洛特 36 岁，她说："我受不了了。我曾经非常爱马蒂厄，但他显然不知道我已经不再爱他了。我甚至不知道我是否曾经爱过。他很可爱，很聪明，很忠诚，但他让我窒息。当我试图让他理解这些时，他又拒绝考虑。对于这种情况，我很难过，也很生气，因为他不愿意倾听，也不理解我！"

虽然绝对的客观性确实不存在，但我们仍然可以尝试接近客观。然而，这些人并不想反思他们的解释是否或多或少地远离（或接近）现实，解释或推论是否合理。

在涉及生活关系时，那些病态情感依赖者的解释或推论往往与现实相去甚远。

埃米莉今年 23 岁，她已经和埃里克生活两年了，她的家人和朋友根本不接受这个男人，觉得他太随便、太自信。他们经常吵架，他们会使用暴力性语言，她会用拳头打自己的头。她觉得自己没有被尊重，缺少关注。埃米莉从小就一直顺从他人的意愿。"我经常感到迷茫，害怕承担责任。我让埃里克为我决定，这对我来说更好。同时，我也害怕他，他让我变得幼稚，我觉得自己面对他就像面对我父母。在他的欲望中，我渐渐消失了。我无法坚持自己的观点，我太害怕惹人不快。当我试图与埃里克交谈，让他理解我时，他说他不想质疑自己，是我生病了。"

埃米莉将她的伴侣视为权威，并拒绝面对现实。他们在一起的生活并没有让她快乐。她变得很胖，并且患上了对巧克力、蛋糕和其他甜食的强迫症。埃米莉感到难过，她认为自己疯了。她担心如果自己作出改变，埃里克就不会再喜欢她。"我希望得到照顾，这样我就能有存在感，最重要的是，我能感觉到自己是最重要的人。"

朱尔今年 35 岁，他和扬一起生活了五年，他觉得这段关系很糟糕。"扬把我当成婴儿，我完全依赖他。我和他住在一起，经济上由他全权负责，我赚的钱很少。我快窒息了，但我能做什么呢？此外，我对他感到非常厌烦。我有一种完全被封锁的感觉，一切都变得困难。我非常爱扬，我对他有感情，但仅此而已。我非常害怕独自生活，也害怕物质上的匮乏。我经常出轨，但这并没给我带来任何好处，反倒让我更渴望拥有自己的公寓。我不喜欢自己现在的样子，但又无能为力。我不想回去和我的父母住在一起。我和扬的关系不能再滋养我了，我有一种情感上的孤独感。我的背部很僵硬，有慢性坐骨神经痛，我觉得是扬在剥削我，我对他非常生气。他对我来说不过是个拐杖……我害怕他，对他失去了所有的信心……因为我永远不会遇到其他人了，所以必须和他在一起，不是吗？"

病态情感依赖者的行为方式完全阻止了他们思考，他们描述了自己遭受痛苦的情况，并拒绝从中解脱出来或做不同的反应。这再次证明：否认是无意识的。对不愉快的恐惧，对孤独的恐惧，使他们处于这样的重重迷雾之中，以至于他们真的相信自己无法做任何事情以减少甚至摆脱自己的痛苦。况且，他们经常否认自己有成瘾行为，比如马蒂厄，或者程度稍轻一些的埃米莉。在我们生活的时代，独立是一种非常珍贵的美德，人们不会刻意给自己树立一个依赖人的形象，这关乎尊严。令人吃惊的是，他们根本不明白为什么问题持续存在，他们尽一切努力让情况过得去。面对现实、面对事实，就算勉强能做到，对他们来说也是非常痛苦的，他们为此需要很大的勇气，这将是我们在本书最后一部分看到的内容。

　　拒绝和否认，导致了他们一方面无视事实，另一方面知道事实却不予考虑。这种自欺欺人的方式（通常不是故意的）促使他们采取一种非常被动的方法。即使他们感到筋疲力尽，甚至生病，他们都不太在乎。他们就像在眼前竖起了幕布一样遮蔽现实，他们通常不会料到自己遭受的躯体化问题（失眠、关节疼痛和消化不良等）与他们的困难关系有直接联系。这些症状是他们身体发出的信号，由于他们无法理解，所以对此充耳不闻。我经常谈到身体和精神、心灵以及心理之间的联系，自从心身医学成为一门专业后，这些联系得到了学院的认可。"身体，从上到下，是一个记忆的村庄。"否认适用于"被误解"的事实，也同样适用于本身就被否认的重大情绪波动。病态情感依赖者就是这样一直依恋着幻想出的幼稚需求，一直沉浸在爱的幻觉中。

自我中心

　　病态情感依赖者会沉浸在爱的幻觉中，是因为没有意识到这大多是为了得到爱而付出的，被爱的人被当成爱、认可、情感安全和存在感的供给者。被爱的人并非因他的本性被爱，既不是因他的特别之处，也不是因他本身，那个自以为爱他的人实际上只关心他自己能得到什么。在勒索爱或爱的标记的过程中，病态情感依赖者将对方物化（被视为物体），并没有真正考虑对方。这似乎与这样一个事实相矛盾：为了从对方那里得到他所期望的东西，他迷失了自己，他致力于满足所爱之人的需求。这种意图看起来确实很无私，但在这种病态的关系中事实却并非如此，这并不是件很有益的事。

如果我们不对那个人说"我想一辈子爱你"，而是说"我想一辈子'吸食'你"，那么他会有什么反应？这种吸食，这种吸血鬼般的存在只是为了填补情感上的空白。这是一种对他人的爱，还是一种贪婪？这不正是自我中心主义加重的标志吗？这不是自我中心主义的客观表现吗？恐怕正是如此。在这些情况下，我们是否担心对方的心理和情感健康呢？我们真的关心他的情感生活吗？试图成为不可或缺的人并不是爱的真正标志。我们只是需要（而不是想要）帮助别人，以便能够赋予自己一些价值或给自己存在感，这不是利他主义，而是自我中心。我们是在购买爱或友谊吗？在诸多关于爱的定义中，有一条我特别欣赏：爱，是想把对方带到他自己的顶峰。病态情感依赖者受制于一种本质上虚构的关系中，这种关系不断迫使他们证明自己，并以最高价格购买自己的生存权，这是否是病态情感依赖者的当务之急呢？他们可能并不知道，但答案是否定的。

我们已经看到，自我中心是一种"把一切都带回自己身上，觉得自己是世界的中心，仅从自己的角度构想世界"的表现。在儿童自我建构过程中自然而然的事情，到了成年人身上就不再如此了。病态情感依赖者由于以自我为中心，认为别人总是在注视他们，导致他们只为自己的利益行事。然而，如果你向他们表明这一点，他们会立即否认，并且既愤怒又痛苦。这很正常，他们不知道自己行为的所有动机。奥斯卡·王尔德（Oscar Wilde）说："按自己的意愿生活不是自私，要求别人按自己的意愿生活才是。"

依赖和责任

逃避责任是病态情感依赖的表现之一。实际上，由于童年时期受到父母的过度控制并极度缺乏鼓励，患者没能认识到自己的行为及其后果之间的因果关系，他们一直拒绝对所经历的事情负责。换句话说，他们深信自己对自己的生活没有任何影响，因为他们把生活交给了他人。对自己、自己的生活构建、自己的行为和选择等负责，这属于一种他们不具备的自由感。仅是想一想，就会让他们感到严重恐慌并且无能为力，他们拒绝接受这个想法。他们不知道自己可以获得个人的力量，让他们能按照已被遗忘的真实个性生活。他们做出冲动的行为（冲动是使机体趋向目标的能量负荷，行为结束后，紧张感消失），并说一些话解释自己的冲动或强迫行为。"我不能不这么做""我别无选择""我无能为力""它比我强大"，等等。他们有时把自己的责任推给其他人，隐晦地要求他们负责。他们把自己定义为无助的受害者，为自己寻找拯救者。如果他们接受了自己的责任，那么就等于承认了只有他们自己才能做决定，这种回避可以保护他们免受孤独恐惧。

然而，这种"逃避"对他们来说非常有害，这大大阻碍了他们对自己遭受的失眠、焦虑、抑郁及全身不适等躯体化表现的思考。欧文·亚隆教授很好地描述了这些依赖性很强的人：他们为了保护自己免受孤独和逃避责任，相信有一个"终极拯救者"会降临并照顾好他们。这个拯救者可能是机构、心理治疗师或他们周围的人。他们选择了不负责任，坚信自己像新生儿或老人一样脆弱无能。"终极拯救者"只不过是一个供给者……病态情感依赖者既不对自己负责，也不对他人负责，他们把自己视为有心理缺陷的人，并对此深信不疑。他们不坚持自己的观点，顺从他人的想法，为自己找充足的借口逃避重要的决定，服从普遍意见。他们隐藏自己的情绪，掩盖自己的欲望，这些都是对责任的逃避。"我不想打扰；你选吧，我跟着你；如果你是我，你会怎么做？我不知道该怎么决定，你呢？"等等。他们有许多诸如此类规避风险的语句。表现出自主、独立和自由意志对他们而言确实隐藏着巨大的危险，其中最主要的是会惹人不快，这意味着他们可能被抛弃，变成孤身一人。

无论是哲学还是人，对其自动依附意味着你放弃了自己作为一个独立个体的权利，自我和他人之间将不再有明确的界限。在不与对方分离的情况下，人们仿佛回到了新生儿时期的融合关系中，不再是一个完整的成年人。

那么，病态情感依赖者变成什么样子了呢？他们以后会变成什么样子呢？他们是否注定一生都要体验人际关系的困境和痛苦呢？当然不是！然而，他们将不得不经历必要的阶段，这将引导他们走向……解脱。这些阶段并非总是简单或愉快的，其中有放弃，也有分离。好的治疗工作总是伴随着来自现实的考验和对个人进步的追求，意识觉醒的阶段总是伴随着对改变的真正渴望。在这些时刻里，患者重新恢复了与自己真正的亲密性，并由此获得成长。在这个过程中，他们将与自己最深层的身份和解，学会尊重自己和被尊重。在这条重建的道路上，他们将在心理治疗师的指导和帮助下，按照自己的节奏，摆脱自我虐待的枷锁。

第三章

摆脱情感依赖：
承担爱的责任

成为你自己的光，你自己的避难所。

心理治疗师的作用：给予内在小孩存在的权利

给患者需要的时间表达他们的痛苦，讲述他们的生活故事，描述他们的家庭环境，并以此诊断病态情感依赖，这是心理治疗师的责任。然而，做出这种诊断并不容易，我们都知道，那些在童年时期遭受情感缺乏或长期忍受父母的漫不经心地对待和虐待的成年人，通常会处于否认状态。他们往往全盘否认早年发生的事情，否认曾经受过创伤的可能性，这大大加深了心理阴影。这些成年患者的行为"描述"了这些创伤的重复情况，与这些创伤事件相关的情绪也发挥了作用。

虽然识别和承认那些被认为是可以接受的情绪（悲伤、焦虑、不安和幻灭）并不困难，但当涉及其他情绪，比如愤怒、沮丧、仇恨、羡慕、嫉妒时，对抗就出现了。这是必不可少的一步。每种情绪都有其意义，患者会发现这些意义。当他们能识别自己的情绪，并学会为它们命名时，他们的问题就更好解决些，就像是一道光出现了，微弱但非常真实。

重要的是要记住：某些患者可能从童年开始就（无意识地）被禁锢在一个虚假自体中，他们可能在整个治疗期间都维持这个状态，于是治疗变得漫无尽头，因为在儿童早期融入心理的一切都无法被训练。这种虚假自体指的是个体通过服从或妥协来适应环境，这剥夺了他发展自己真正个性的权利，并导致不自然的关系。它会干扰存在感。有些孩子就是这样，他们在很小的时候就忘记了自己，禁止自己建立存在感。在这个虚假自体背后，隐藏着一种绝望，是从所谓的原始初期开始就扎根的绝望。

　　另一个需要考虑的因素，是心理治疗师在面对患者的存在性孤独、与自由和自主相关的责任以及对死亡的恐惧时所采取的态度。如果治疗师在治疗过程中，没有处理好这三种基本焦虑，那么病态情感依赖者在接受非常特殊的治疗过程中，就很有可能出现否认的情况。

　　这些患者通常是在医生（全科医生或精神科医生）的建议下来咨询心理治疗师的。他们中的大多数人都在服用对抗焦虑、抑郁综合征的常规药物，即服用抗抑郁药和抗焦虑药，有时还会加入安眠药。这些治疗降低了他们那些过于痛苦且令人难以忍受的情绪波动（抑郁、焦虑）的强度，让他们在一个不允许人们感觉不适的社会中坚持下去。但也正是因为药物治疗，治疗师对患者情绪的获取变得更加困难，这不利于其工作的深入。然而，我们也不应因此质疑这些治疗，情绪泛滥造成的混乱会阻挡个体通过内省进入意识的途径，治疗师必须学会处理这种矛盾。

　　同样重要的是，患者不能对这些药物或对治疗师产生依赖性。在某个时候，治疗必须结束，治疗师在确定"终点线"时要保持谨慎，以确保患者不会因为害怕分离而"破坏"整个进化过程。随着治疗频率的逐步减少，面对患者对自主性的强烈、真诚又深刻的渴望，治疗师必须表现得非常令人安心，并且拥有无限的耐心。不要忘记，对于任何人来说，分离的想法本身便会引起焦虑，而对于病态情感依赖者来说更是如此。然而，患者明白他们所经历的情感依赖对他们来说是有害的，因为它直接指代迟早会发生的抛弃，他们过往的悲惨经历也证实了这一点。

单靠治疗不能解决所有问题，生活会带来欢乐，也会带来痛苦。重要的是，患者必须意识到治疗师只是一个向导，他们有自己的工作要做，患者必须接受当治疗结束后，他们要独自把这份工作做下去的现实。在这些类型的心理治疗中，患者往往想把治疗师当成解决问题的"拯救者"，为此治疗师必须小心，避免落入这个"陷阱"。然而这并非易事，特别是有时候，治疗师对这种（通常是暗示性的）态度感到有些"受宠若惊"。他会把这看成是一个感受自己的不可或缺性的机会，这种情况就像是对患者的夺权，而这些依赖性很强的患者其实就是在等待这种局面，他们至少已经等了一段时间了。

因此，我在监督治疗师时，会在这方面保持高度警惕。一个病态情感依赖者在任何情况下，都不可能得到另一个有问题的或病态的情感依赖者的认真帮助，因为他连自己都不了解。本身没有接受过治疗的治疗师，面对那些认为治疗师是拯救者的患者时，更容易出现上述的情况，这让人惊讶又难过。但治疗师越是积极引导（即使其表面上的目标是帮助患者承担责任）患者，患者就越容易被幼稚化。

虽然患者不应该期望从心理治疗师这位"拯救者"那里得到一切，后者还是应从人道主义出发，在整个治疗过程中陪伴他、支持他，使他在这个过程中不会感到孤独。治疗师必须能够让患者的内在小孩表达自己，哪怕再次成为那个痛苦的、伤痕累累的孩子，并最终接受他的存在。

帮助患者找回他的记忆，使其不惧怕任何记忆，按时间顺序"存储"它们，最重要的是谈论它们，也是心理治疗师的任务。即使回忆中的事件是痛苦的，甚至是创伤性的，患者也绝对有必要用语言将它们表达出来，这种再次存储是治疗过程的基础步骤。有些治疗师认为这一步没有必要，已经经历过的痛苦不需要通过重新叙述来重复。但我相信它是必要的，虽然很不幸，但事情就是这样，我们不能忽略这件事，表达出来反倒能够让患者"拔掉"自己身上痛苦的"刺"。某些伤口只有在被话语"清洗"之后，愈合过程才能真正开始。正是意识到了某些记忆中如此痛苦的一面，患者才能理解与之相关的情绪，才能心平气和地面对它们。感谢倾诉痛苦和情绪的文字，伤口因此能够愈合，患者也将最终承认这些痛苦和情绪，同时他们也会明白：尽管经历的状况和事件的情感影响被大大削弱，但这些记忆永远不会被抹去。相信它们会消失的想法很天真，对心理治疗师来说，这是一种觉得自己无所不能的错觉。

治疗师既不能急躁也不能匆匆忙忙，要尊重患者的节奏，为他们提供一个令人放心的时空。回忆工作需要双方放慢节奏，无意识地进行，以为了保护患者不受情绪"海啸"的影响，并逐渐释放被埋藏的记忆。治疗师需要做的就是陪伴，并知道如何与患者的节奏同步，用语言引导情绪的逐步再投入。这种治疗能够让患者依靠治疗关系，重新发现按照他们内心深处的想法生活的欲望和意志，从而再次爱上生活。他们不再遇到造成他们心理障碍的众多困难，因为他们已经从幻想中解脱了出来，接受了自己人性和不完美状况的现实。然而，要接受现实，有几种意识是必不可少的。

摆脱否认的困境

治疗的第一阶段将专注于介绍患者所需的知识。弗里茨·佐恩在他的日记中写道："只要有意愿，每个人不都应该能意识到自己所处的状态吗？"要做到这一点，就必须要有睁开眼睛、摆脱否认的意愿。不可或缺的第一步就是，要通过情绪和行为表现，通过情境和经历，承认这种过度依赖的"状态"。弗洛伊德认为，"没有被带入意识中的过去会重演"。荣格说："无意识的东西从外部来到我们身边，像是一种看似陌生的命运，而它只是反映了我们的内在生活状况。"谁会愿意把钥匙交给别人，自己在"监狱"里待到最后一刻呢？谁会真正满足于别人同意时才给予的一丝快乐甚至幸福呢？谁会拒绝能够凭自己能力获得那些在自我以外的其他地方追求不到的东西呢？

虽然儿童没有能力对自己、周围的人或整个世界，形成清晰的洞察，但成年人拥有所有的潜力来做到这一点。这就是为什么患者必须清除那些阻碍他们看到自己真实的样子的重重烟幕。同样重要的还有驱散淹没他们情感生活的迷雾，这种迷雾麻醉和麻痹了他们对自己所经历的事情的理解能力，掩盖了他们深层的个性，最终使他们对自己感到陌生。

在了解多年来形成的病态情感依赖的原因和方式之前，他们必须接受并清醒地审视和承认这种情感依赖对他们与自己的关系，以及与他人的关系产生的影响。如果没有这种清醒的审视，患者只会被创伤性重复吞噬，断定自己绝对无法想象还会有其他选择。一位患者最近告诉我，她认为自己"不适合"幸福，不适合生活的乐趣。这个结论正是来自她的恐惧和自我厌恶，因为她相信自己"无能"。为了让她学会信任自己，成为她内心的"好母亲"，她必须首先承认这种信念的存在及其后果。

重新审视信念

大量的信念（未经证实的信念）扭曲了病态情感依赖者的判断。信念的运作方式很简单。举个例子：一个人相信其他人的需求比自己的需求更重要（我们已经遇到过这种情况），这种情况至少是有意识地表达了他的信念。之后，他将转向了解（或猜测）这些需求以及有效满足它们的最佳方式，他会对关照他人的想法感到非常高兴，并会自豪地采取行动，同时对感激或爱充满期待。这些"其他人"可能称赞他，或对他深表感谢。于是他的信念将得到确认和加强。所有这些都是他在最大程度地否认自己需求的情况下进行的，隐藏在他对不被爱的恐惧之下。再举一个例子：让娜不喜欢自己，相信（确信）自己永远无法取悦男人。她说："我不理解男人怎么会对我感兴趣。"在她的思想中，她说服了自己，导致她永远不会遇到愿意接近她的男人。如果有人这么做了，那么她会认为他只是为了和她发生关系。她对此很伤心，有时甚至很绝望。她在参加聚会时，也经常一个人待着，远离人群。她就是这样拒绝与任何人邂逅，从而确认并强化她的信念的：她永远不会被一个"好"男人所喜欢。

　　我们都有着许多信念，有些是普遍性的，有些则适用于不同的领域。我在此只提及与本书主题相关的信念：对自己的信念（最重要的）、对他人（父母、家人、朋友、环境）的信念、对生活的信念和对爱的信念。正如我们刚在例子中看到的那样，我们的信念构成了我们的内在面貌，特别是我们的心理"骨架"，它们制约着我们的思想、情感和行为。这些信念大部分是在我们的童年建立的，我们接受了来自父母、环境、经常接触的人、书本和电影中的信念，它们也受制于我们自己对生活经历的解释。这一点从我们出生开始就是如此，在很早的时候，我们就觉得自己需要（即使没有掌握语言）为我们的生活赋予意义。同样重要的是，我们一生都在确认这些信念的真实性，并予以强化，人无法毫无顾虑地质疑自己的"骨架"……在此我要补充一点，我们在书中提到的信念大部分是限制性的信念，也就是说，它们根本无法提供帮助，比如"我很有价值""我值得被爱"等。也正是一些关于自己的非常消极、很有局限性的信念导致了低自尊。

治疗师必须经常注意患者在话语中表达的信念，并询问他："所以你认为别人的需要比你的更重要？"通过几次治疗，患者能更好地理解这种有意识的信念，明白是它导致了自己的病态情感依赖。当然，治疗师还需要与患者确认他是否已经正确理解了。对患者来说，发现自己的一些信念被质疑，是既痛苦又困难的。更重要的是，正如我们所见，它们既是病态情感依赖者行为的根源，也往往是他们解释所经历的情况的结果。在某种程度上，这是一个真正的恶性循环，治疗师必须对此进行干预。让我们再看看前面描述的自我信念的例子。

吕西安说："我没有权利坚持自己的本性，为了获得爱，我不断地过度适应对方。"他还说："我想被人欣赏，我不能让人失望。如果我不想进行自我约束，而是出于本能行事，那么我所做的或所说的都会被误判，这样我将被人注意，带来负面的关注和评价。"伊内斯感慨说："我总是对自己不满意。"而另一些人则认为："如果我足够慷慨、有用、乐于助人、随叫随到或听话，我就会得到爱。""只有完美才能带给我生活所需的爱和认可。"还有人说："我没有权利抱怨，与其他不那么幸运的人相比，我不配拥有我现在拥有的一切。我不该说有什么不对的地方。"这些人不会忽略任何关于自己的、非常令人不快的评论……

为什么依赖？因为我们相信

　　如果我们相信自己需要通过他人感受存在，如果我们相信我们没有能力依靠自己，我们不可爱，我们软弱无力，我们不能对生活负责，我们没有自由意志，我们所有的不幸都是别人造成的，那么我们必须创造一个拯救者（某个人或某项事业……）来照顾我们，让我们的人生道路充满爱。我想指出的是，并非所有坚持某种观点或为某项事业奋斗的人都一定是病态情感依赖者。只有当他们期望自己完全得到满足，以至于忘记自己并放弃自己的真实身份时，他们才是病态的。

　　当这种类型的信念根深蒂固时，患者将很难对它们产生怀疑，他们依赖自己的信念——这是他们的"药物"，他们需要这些信念。如果我信赖我选择的供给者（即拯救者）的力量和能力，我会真的把他变成拯救者，再也离不开他。如果一个人吹嘘成瘾的好处，认为赌博给了他希望，让他有了梦想，那么他没赢的时候会很失望，但他认为总有一天他会赢的，他不会停止！"如果我很完美，我最终会得到爱。""每天晚上我一不喝酒，就会睡不好，我太焦躁不安了。""把所有空闲时间花在行动上，我的生活就有了意义。"出现以上情况，那这个人肯定不会有戒瘾的念头。我们在本书第一部分中看到，摆脱瘾可能是可怕的。信念创造了需求，我们依靠它自我确认、自我强化。

我们还在本书的第一部分看到了很多关于自己和爱情的关系的信念。比如"我一文不值，了解我之后谁还能继续爱我呢？""我必须让女人快乐，但我无法以我真实的样子被爱，我过于殷勤了。""只有对方能让我快乐。""我无法一个人生活。""独自一个人，我便毫无价值。""我们是一体的。""我们是相似的。""如果我们分开，我活不下去。""分离就是毁灭。""只有生活在伴侣关系之中，生命才有价值。""只要我没有伴侣，我就没有价值。""我觉得和她完全是共生的。""我知道你在想什么。""你不能对我隐瞒任何事，你知道的。""我和你的感觉完全一样。""她和我，都一样。"这些话语间充斥着自我厌恶的情绪。

案例中还有一些关于为爱付出时的态度的信念。比如："我要为对方的幸福负责。""对方必须是我的一切。""对方必须是我唯一的牵挂。""我必须成为对方的一切。""对方必须永远在我身边。""我必须是对方唯一的牵挂。""只要我让对方快乐，我就快乐。"这些话的言下之意（通常是无意识的）有以下几种："只要他需要我，他就会欣赏我。""我之所以这么担心，是因为我爱你……""对方要对我的幸福负责。""当我们相爱时，我们必须一起做任何事，彼此无所不谈，毫无隐瞒。""对方必须满足我。""我必须满足对方。""对方必须在任何时候都能依靠我。""我必须在任何时候都能依靠对方。""我必须是对方最重要的人。""我不明白没有我她怎么能幸福。""我设身处地为你着想。""为了好好爱，必须忘记自己。"这些话语间满溢的是对对方糟糕的爱。

这些信念最能影响病态情感依赖者的生活。此外，还有一些限制性很强的信念，比如关于家庭关系的信念："我没有权利让为我牺牲的父母失望。""我很了解我的儿子，我知道什么对他好。"或者那些支配社会行为的信念："我必须是最好的。""你的钱越多，你就越受人敬仰。"

我们在共生依赖中也发现了相同的信念模式。与酗酒或有其他成瘾行为的伴侣生活在一起的人，往往认为他能够通过爱的力量阻止伴侣的成瘾行为。不幸的是，从长远来看，他不会成功。他太需要成为有用的人了，幻想着自己有能力治愈另一半，这将使他陷入痛苦的幻灭。他们成了一对共生依赖的夫妻，人们会被彼此的相似之处吸引。如果人们缺少自尊，那么他们就更愿意接近那些患有同样问题的人……

清楚自己的信念，至少是那些已经变得有意识的信念，是一件很有必要的事。承认自己的行为方式是非常重要的一步。在这个过程中，我们已经理解了信念的运作过程。这种清醒的认识代表回归现实，即患者开始意识到，也许他们的想法、他们对现实的解释并不完全准确；或者说，他们可以重新审视这些限制性信念，获得力量，走出这个自我延续的"地狱"。

人的重要信念往往来源于某一段影响强烈的经历，其影响力足以让人得出一个普遍的结论。治疗师的工作就在于提出其他的解释和结论，他会建议患者进行信念重构，让其明白同样的经历可以有不同的解释。如果一个孩子受到父亲的严厉惩罚，并由此断定自己是个糟糕的人，那么他成年后会从治疗师那里得到引导，对这种情况做出不同的解释，比如父亲当时很生气，父亲是个急性子等。这样，他之前那个"我很糟糕"的结论就会受到影响，也许一切会被改变。

你是说完美吗

　　完美意味着进化和进步的结束，即死亡。"完美"这个词来自于拉丁语：*per-facere*。"*per*"的意思是"到最后"，"*facere*"的意思是"做"。换句话说，完美的意思是"做到底的"，那就意味着事情不会再有进一步的进展。这会惹恼完美主义者，而病态情感依赖者中恰恰有很多完美主义者。他们徒劳地追求完美，最后只是对自己感到不满，为没能为对方做得更多更好而感到焦虑和内疚。

　　治疗师可以向患者解释：完美只是一个神话。证明方法很简单，他可以要求患者描述他认为的"完美"。这个描述应该包含无数微小的细节、标准，以证明这种完美性。也就是说，这是一个完全不可能完成的任务！治疗师也可以要求患者以书面形式描述什么是完美，以为下一次治疗所用。治疗师在诊断文书中将举出反例并提出建议，这些建议来自他自己的世界观，遵循的是不同于患者的准则。所有这一切都只是为了告诉患者，完美只是一个概念，也就是说，它是一个再抽象不过的想法，每个人对其都有自己的定义。虽然提高自己或自己的能力（完善自己）的想法是对人有益的、进步的，但追求完美的想法有时是一个诱饵，是真正的毒药。

治疗师可以解释说，当我们还是孩子的时候，哪怕年龄很小，我们也会试图了解我们周围和我们内心所发生的事情。"如果父母对我发火，那是因为我是个坏孩子。""如果我的父母分开了，那是因为他们不再想要我了。"作为一个孩子，我们并不能理解所有事，许多解释导致我们得出了可能一生都认为是"真实"的结论。治疗师会让患者按自己的节奏，在不伤害自己的情况下，质疑自己的一些推论。如果可能的话，治疗师会请患者就各种要点询问其父母一些问题，包括母亲的怀孕过程、他的出生过程以及他的幼年经历等。如果患者无法做到这些，他也许可以向其他家庭成员询问这些问题。否则，治疗师将很难理解和重新发现患者婴儿时期的真实经历。

当患者发现信念可以改变时，他会立即松一口气，他开始看到改变自己看法的可能性，就像终于呼吸到了新鲜空气一样。

在适当的时候被谨慎地告知：人们对我们的看法和他们对我

们的感受，与我们是谁或我们作为人的价值没有必然联系，也与我们的成功没有必然联系，这是多么令人安心的事！我经常对任何愿意听的人反复强调：我们不可能取悦所有人，正如我们不会喜欢所有人一样。当然，这句话的后半句要更容易理解，而要承认前半句的真实性并不总是那么容易。听到这种说法是如此令人欣慰，我们不必只为他人而活，我们有权利，甚至有责任，和他人一样，为自己而活。我们要自私，要照顾自己，而不仅仅是照顾我们的家庭或工作。

所有的信念都是情绪的起源，在研究了信念之后，找回那些与之相关的情绪变得至关重要。

重新找回情绪

"如果人经历了某件事却没有任何体会，那是因为他的人格已经一分为二，为了避免被冲击完全摧毁，我们有必要让这两个碎片融合。"这两个"碎片"是生活经历和与之相关的情感（或情绪）。当它们被压抑得太久，当人在儿童和青少年时期把"什么都不想感受"的技巧练得炉火纯青，情感生活对已经成年的人来说会变得格外陌生。心理治疗将让患者一分为二的人格相遇、汇聚。这个过程有时很痛苦，需要慢慢来，患者（终于）能流泪、愤怒地呼喊或恐惧地畏缩。

正如你已经了解的：病态情感依赖者不得不在很长一段时间里封锁他们的情感生活，以免受伤害，并且是有意而为之。这种宣泄是一种真正的解放，眼泪很快就会流出来！患者起初会感觉很尴尬，他要给自己一个好形象，要保持端庄，但后来，这种尴尬让位于眼泪，患者准许了这个释放的过程。治疗者让患者在穿上西服、戴上"面具"和创造出虚幻的场景之前，重新找回自己本来的样子。

　　这些患者终于哭了。他们哭是因为通过自己的经历，他们意识到：他们不得不很早就学会独自照顾自己，在他们内心住着一个绝望的小孩和不成熟的治疗师。在极度孤独中，这个小家伙在自己身上找到了勇气和内在力量，在创伤中幸存下来，他们对自己产生的自我同情非常令人动容。经过这一过程，他们终于可以让自己重新发现被深深埋藏的情感。他们哭了，在狂怒的泪水中，他们发现了自己的愤怒，有时也是他们的仇恨、嫉妒或羡慕……但这对他们来说已经不重要了，他们表达了自己的想法！一些人终于敢大喊大叫、辱骂、批评了，他们已经获得了情感上的亲密感。治疗师的态度帮助了他们，他不做评判，只是倾听并重新表述。他就在那里，以积极的态度倾听患者环环相扣的深重恐惧、内疚和羞耻。于是，抑郁、悲伤和自我厌恶开始瓦解，自我蔑视也以一种新的方式受到质疑。

　　患者自己也很惊讶，并充满疑问。他真的感受到了这些情绪吗？他不知道吗？他有表达它们的权利吗？即使是被他的内心隐藏得非常深的好胜心也可以吗？……这种好胜心是所有人类行为倾向中最常被隐藏、掩饰、扭曲的，是归因于外部煽动的一种倾向。这种好胜心是儿童创造力的源泉……即使是仇恨也可以吗？即使是仇恨，也应该被感受，我们所有的情绪都带有信息：它们在向我们诉说我们自己、我们的感觉、我们的体会。在每一滴眼泪中，都有一段文字；在每一次哭泣中，都有一个伤口；在每一颗跳动过快的心脏中，都有一种恐惧。

患者了解到，新时代的博爱神话只不过是一种美好的愿景。他发现自己的仇恨在向他诉说着他自己、他过去的经历和他的现在，诉说着他的伤口、他的痛苦。他哭泣、愤怒，于是各种可能性敞开了大门。从现在开始，对现实视而不见将毫无意义。情绪虽然先体现在身体上，但也会参与思想过程。人并没有被一分为二，感受会极大地影响人的想法、选择和决定。由于情感生活的大门已经被打开，身体终于可以把它所知道的揭示出来。被迷雾掩盖的一切重新出现，这是被压抑的本能的回归。患者发现，能够表达自己的情绪波动，就意味着能够以真实的模式建立关系。当恐惧和幻想产生的迷雾消失后，他们就知道如何更好地看待他人了。如果真的存在真实，一个人身上唯一的真实，那么应该是他的情绪。情绪永远不会是假的，而对事件本身的记忆、想法或思想却未必如此。与自己的情绪重逢能引导患者获得情感滋养，发现自己真正的需求。

至于父母和教育者规定的情绪，那些患者必须体验而非真实感受到的情绪，最终会让他们感到难过并陷入困境。他们没有权利做自己，他们要在悲伤时强迫自己微笑，要咬住嘴唇强迫自己闭嘴，免得对受到的伤害表现出愤怒、嘲笑或讥讽……这正是患者在治疗中学习的内容。他们也明白，由于他们长期对难以忍受的痛苦情绪保持沉默，他们的健康（身体和心理）受到了极大的伤害。当这些情绪还没有被允许表达出来时，它们被赶回心照不宣的边界，揭示它们是痛苦的，因为它们让人窘迫，让人混乱……患者有时不得不强迫自己成为机器人，一个心被冻僵的、像石头一样坚硬的机器人，他们被当作教育成功的证明。这种"情感麻醉"形式像是在情感生活周围筑起了厚厚的墙，以保护孩子免受过多的痛苦，但它对任何生活关系都是非常不利的。

　　患者决定接受心理治疗意味着勇气，其动机是希望找到被压抑在无意识中的情绪和感受。因为它们只是被压抑了，并没有消失。治疗工作恰恰在于将它们揭示出来，帮它们摆脱不再需要保护的虚假自体。虽然这是治疗受伤儿童的最后手段，但对成年人来说也受用。他必须找到真正的自我，找到欲望的真实身份，而这正是情绪宣泄所允许的，情绪的表达因此恢复了。更重要的是，在整个童年时期，人像"海绵"一样可以吸收父母和周围亲近人的情绪。他们不仅认为自己要对这些情绪负责（比如当他们痛苦时感到内疚），还要进行情绪模仿，他们经常（无意识地）复制父母（或父母之一）在抑郁症中的表现，如焦虑、悲伤、内疚、羞耻或缺乏自尊。

　　对患者来说，面对父母（或父母之一）的不完美往往是非常痛苦的，他们将不可避免地与内疚斗争，去面对父母（童年时父母是他们的神），去面对曾经天真的自己（孩子会自发地信任父母）。他们还需要"挑选"被规定的情绪，"挑选"那些不属于他们的情绪。

这一步是治疗过程的基本步骤，这将引导他们走上通往真实的道路，一种他们没有经历过的自由。

最后，意识到期望是虚幻的，将更有可能让他们变得清醒。

重新理解行为

心理治疗不仅能让病态情感依赖者重新理解自己的行为，还能理解这些行为对其生活关系的影响。这种对自己的动机和行为方式的清醒认识，将鼓励他们跳出自己的角色。对一些人来说，这意味着摆脱虚假自体。治疗师还会向他们解释，从很小的时候起，他们就已经形成了"以母性待人的倾向"。我前文提到过这些"父母化"的孩子，他们被父母成人化，很早就成了父母的治疗师，就像父母通常对其他成年人表现得善解人意又充满关怀一样。由于成长得太快，他们变成了父母的"照顾者"。受过创伤和过度成熟的儿童可能过早地背负不成熟、失败或攻击性强的成年人的责任。许多儿童精神病学家和心理分析学家描述了这些儿童的这种自发的关怀和冲动，这种自发的冲动也会出现在病态情感依赖患者身上。

重新了解自己

了解真实的自我（走出虚假自体和角色）是自我遗忘和自我厌恶的唯一解药。个体发现自己的信仰，恢复自己真实的情感生活，理解自己的行为，以便走上更好地认识自己的道路。在人生的岔路口，我们要问自己几个基本问题："我是谁""在我的生活中什么对

我来说很重要"，以及"我想要什么"，并开始找答案。我们能够更
清楚地说明自己不再想要什么，什么对我们伤害太大；我们能明
白正是自己的信念，无声无息地让我们产生了情绪并指导着我们的
行为。

引导患者发现人类心理运作的这些要素，可以启发病态情感依
赖者，让他们明白他们真的可以结束之前的行为，转向其他选择。
他们可以改变信念，从而用不同的方式思考，以感受其他情绪并采
取不同的行动。恶性循环可以被转变为一个更适合生活的循环。我
们也同样能把不好的信念转变为有益的信念，比如"我是一个好
人""我有权利尊重自己"等。

患者要想更好地了解自己，就要选择停止对自己撒谎，以便
能够清楚地界定自己的问题。决定接受帮助就表明，患者愿意面对
自己的困难，不再认为"既然到最后没有什么是重要的，那么到
底为什么要努力变得更快乐？我只得认命"。当患者发现他们按照
某些想法行事而没有得到想要的东西时，他们今后就会质疑想法的
真实性和有效性。这种对抗会让他们在许多方面质疑自己，他们承
认自己可能是错的，承认自己已经疏远了自己。他们笃信自己既是
正确的，又是无能的，他们无法设想更好的生活。发现行为的真正
动机，可以让患者摆脱受害者的身份，逐渐恢复个人力量和自由意
志。于是，改变看起来是有可能发生的。

在治疗过程中，患者意识到，他们行为背后的主要动机是对爱
的疯狂追求。这种追求会产生完美主义，这种虚幻的追求也很容易

让人内疚。这种追求是对他人的欲望有极强的限制性的过度适应，是为了达到目的而采取的可操控的行为。无论现实多么痛苦，他们都要走这段必经之路。托马斯·哈代（Thomas Hardy）写道："如果确实存在一条最好的路，为了找到它，我们必须多留心最坏的那条。"患者正是因为了解心理游戏，特别是拯救者、受害者和迫害者的角色扮演对维系他们的心理情感平衡是多么无效和有害，他们才能决定逐渐放弃这些游戏。对这些患者来说，若未感受到巨大的绝望，他们又如何接受这些想法呢？期望从别人那里得到"一切"，产生帮助他人和让自己变得不可或缺的冲动，是感受自己存在、充分实现自我和有理由活下去的唯一方式吗？人在未感到无限的悲哀时，将如何设想放弃自己、背离自己，以占有他人的生活、需求和愿望呢？当意识到自己不得不在内心挖出一个巨大的空洞，以便让他人不知不觉地蜷缩其中时，人又如何感到安全呢？

　　弗洛朗斯的案例是这样的："一切皆有可能，什么都没有发生……在外面，在屋顶之外，我听到了燕子的叫声。我是如此混乱，以至于无法沉醉于它们的歌声。有时我无法解释我的失败理论，这种模棱两可的东西毫无意义。我总是想从别人那里得到他们不能给予的东西，这很奇怪。我总是站在那里，一次又一次地等待，不知道该做什么，这很奇怪。晚上睡觉时我对自己说：'明天最好继续前进，最好忘记一切，然后重新开始。第二天晚上回家时，独自一人，平静地开启假期。'真的，这一切必须结束了……

"但为什么我要对自己施加这样的惩罚呢？为什么总是做第二名呢？只能做第二名吗？现实中出现很多被搞砸的情况。它们有什么用？我只能做这些吗？我在原地打滑，没有前进，而我在等待的，只有我爱的人和爱我的人……

"我知道，我的一些行为和恐惧，来自梦想和现实之间的不协调。我喜欢我的前后矛盾。如果不表现得像一只随风起舞的蝴蝶，那么我又怎么能继续做一只蝴蝶呢？如果不是总被困在窗户后面，展开翅膀，又怎么算一只蝴蝶呢？最重要的是，尽管有不能违反的义务，但真正让我害怕的是失去（幻想的）自由。我想什么时候离开就什么时候离开，没有任何束缚，这个想法让我高兴，让我感动，让我解放。我试图调和一切……调和这种永恒的不安全感和作为成年人的义务。"

治疗师会解释说，行为总是有理由的，我们从来没有"白做"任何事，这就是我们所有行为的"积极功能"或"好处"。但很明显，当期望是虚无的，行为导致不断失望的结果时，这种积极的功能或好处并不会真正存在。"无法抑制的取悦需求"是第一个受到质疑的因素，如果这个取悦需求一直没有得到满足，那么患者将担心一旦他们建立了关系，无论是友谊还是爱情，关系都将结束。谁能真的爱他这个不值得爱的人呢？什么样的奇迹才能让他长期"坚持"下去，同时扮演角色、隐藏自己的想法、掩盖自己的真实情感呢？没有人有能力完成这种假借他人之名的壮举，至少它无法持续很长时间。害怕被发现的恐慌会导致一个错误，紧接着是一堆错误，直到真相被揭开，除非是分手中断了这条不归路……治疗师还解释说，人不可能仅凭行动就被深深地爱上。爱是关于"存在"而非关于"行动"的，"行动"是后面的事。假象（无论是有意说出的还是被一时疏忽透露的）不能永远保护你。

与自己建立良好的关系

在整个童年和青少年时期以及之后的成年生活中，病态情感依赖者均对自己和他人产生了信念，这导致他们长期对自己被爱的能力缺少信心。在治疗过程中，他们了解到自己不断地确认和加强了那些非常受局限、非常消极的信念（特别是关于自己的）。这些信念从未被质疑过，导致他们的生活充满了失败、内疚和对独自一人的恐惧。这就是为什么他们不得不接受从否认中走出来，面对现实。为了实现这一目标，他们不仅表现出巨大的勇气，而且还表现出巨大的反抗能力。终有一天，他们确实不得不反抗，不得不面对他们过去的生活和人（首先是他们的父母），并敢于质疑他们自己，敢于违反一向的行为准则——有害的沉默法则，敢于把这些年的所有苦难视为不公正，并决定成为正义的捍卫者来纠正它们，修复伤疤。

修复童年

为了更好地修复疤痕，所有的外科医生和美容师都会向你解释，你必须首先清洁和封闭伤口，先是从内部，然后是由深到浅的每个层面，不要忘记了任何一层！心理的伤疤具有相同的性质：我们最好先修复童年，使其成为淡淡的伤痕，不会因抓挠而重新开裂。这就是为什么我让患者自己做必要的康复工作，这种安排会让他考虑哪些不是他自己的责任，最重要的是他要改变看待自己所经历的事情的方式，而不是怀疑事件本身。

修复一个人的童年首先需要帮助他重新找到他自己的内在小孩，这个孩子遭受了那么多的苦，以至于他深深地埋藏和压抑了自己的痛苦。这种重逢将使他能够意识到身体自其新生时期以来所记录和接纳的所有内容。修复童年，就是医治伤口。

> 26 岁的辛西娅像许多年轻女性一样，忍受着母亲非常不健康的生活习惯。在辛西娅只有 10 岁的时候，她的母亲就开始向她介绍她的众多情人，告诉辛西娅她和所有男人的相遇以及他们在一起的事⋯⋯

病态情感依赖者必须通过那扇狭窄的门，进入叛逆之路，且不感到任何内疚地承认他们所遭受的一切，这并不容易。反抗是必要的，它一直在推动人类社会的进步，它为我们提供了观察事实的适当距离。为了反抗，患者必须接受他们的"人间使命"并不是不断满足父母的想法，他们要独立自主，因为他们的幸福不取决于服从。我坚持认为，这种学习过程还可以帮助患者排解内疚情绪。重要的是，患者应将责任放在正确位置并允许自己的内在小孩好好成长，好让他们能够用自己的翅膀飞翔。患者很惊讶，"这么说我母亲的抑郁症不是我造成的，我父亲的暴怒也不是吗？""我有权不这么想吗？"。这些惊讶很快就带来了自我和解，"我没那么糟糕""换作别人是我的父母，他们可能会爱我的"……

彼得·潘：不想长大的孩子

因为没有得到允许，彼得·潘拒绝长大。他是一个病态情感依赖者，寻求他人的接受成为他接受自己的唯一方式。他认为爱是理所当然的……他假装自己是个大人，实际上却像一个被宠坏的孩子。

患有彼得·潘综合征的男人给他人的印象是令人愉快的：开朗、热情、精力充沛、随时准备行动和发现任何事情、活跃、贪得无厌地寻找快乐、无忧无虑和自信，许多女人喜欢与他们为伴。随着时间的推移，他们最终崩溃了，暴露了自己。他们表面上的自信原来是一种过度补偿的自卑感，他们对风险的热爱是一种恐惧行为，因为他们生活在恐惧之中。他们坚定的、相当"男子气概"的自信掩盖了他们的愤怒。他们的自尊是一种错觉，掩盖了他们对成人生活的强烈无力感。他们认为自己什么都能做，只为了掩饰自己的消沉。

　　他们的童年虽然看起来相当愉快，但他们很容易陷入痛苦、害怕、孤独和厌女情绪（后来会表现出令人难以忍受的大男子主义）。他们与母亲的关系充斥着矛盾情感，在攻击性和内疚之间摇摆不定。这并不奇怪，因为吸引女性的男人一直在寻找一个"好"母亲。他们似乎并不关心父权和需要遵守的规则。多年来，由于不成熟的父母过于散漫，过多缺席孩子的成长，而且经常用金钱来弥补对孩子的不重视，孩子们感到非常孤独。他们不得不自食其力，将整个童年都用来寻找他们本应获得的快乐，无论它是什么。这种行为在他们成年后也一直延续着。

　　然而，有一天，马车变成了南瓜，"梦幻岛[1]"消失了，现实令人不愉快：彼得·潘有一个无法成为儿子榜样的父亲和一个薄情的母亲。年轻的彼得·潘别无选择，只能通过不断追求欣赏和感激来弥补爱的缺失。

　　尽管患有彼得·潘综合征的男人代表着永恒的青春，那是他们渴望的，也是他们自恋的表现，但随着时间的推移，他们特别害怕离开梦境而面对现实，这也解释了为什

---

1 英国作家詹姆斯·巴里（James Barrie）的小说《彼得·潘》里的主人公彼得·潘一直居住在一个远离英国本土的海岛上。——译者注

么有些人逃避现实。即使他们继续寻求快乐，即使他们依恋照顾他们的女性，在他们的内心深处，悲伤始终无法消散。由于不能再欺骗自己，因此他们开始以一种完全幼稚的方式行事，他们混乱不安、缺乏理性，且希望永葆青春。

　　这种综合征描述的是那些在情感上非常有依赖性的男人：他们无法接触到自己的真实情感，他们表现得像完美主义者，总是想取悦于人，并采取诱导和操纵的行为。他们拒绝放下自己的幻想，到了五十多岁的时候，他们再也无法掩饰自己的消沉了。

当然，面对父母的失败，哪怕是很小的失败，也绝非易事。同样，承担自己的责任也从来都不容易，毕竟，由同一对父母抚养长大的其他人可能不会在情感上产生如此强烈的依赖，但事情就是这样。在此期间，每一步都很重要，患者要修复真实的过去，而不是被篡改的过去，最终他们要允许内在小孩完全表达自己，并与父母保持距离。为了达到这个目的，患者依靠治疗来面对困扰他们童年的那些曾经被禁止承认的东西。今天，他们向自己展露了恐惧和不公、愤怒和绝望。患者有时会很恐慌地发现，如果他们的父母曾经对自己的教育方法提出一点点质疑，明白他们的教育方法虽是出于善意（好心办坏事），实际上是因为他们过度自信，遗忘了自己的童年和好奇心，那么，患者的大量心理情感创伤则是可以避免的。

患者会问，为什么这个世界上没有一个地方写着提醒父母的话："你要尊重你的孩子……"

　　记住这一点：患者已经被成人化了，他们既成为自己的父母，也成为他们父母中的一方，他们还可能成为所有兄弟姐妹的父母，就像个英勇小大人……但小大人缺乏真正的成年人应具备的技能，他们并不总是知道如何"很好地"履行这一角色，他们会为此感到内疚。他们的父母偷走了他们的童年和那份纯真、轻松、梦想……多亏了治疗（以及他们获得的清醒），他们能够让内在小孩恢复原来的样子，体会真正的童年美好。他们已经为他们不称职的父母付出了足够多的代价，现在可以把责任还给父母了。有时他们有点害怕这种逆转，一旦治疗结束，他们力图原谅父母。如果他们想这么做，这也是可能发生的。这就是为什么我经常建议他们想象自己正在参加审判，在此期间他们将扮演自己的律师。他们写下辩护词的背景是：他们被指控犯下所有罪行，实际他们并不对此负有任何责任。孩子们是无罪的，正义将得到伸张，自我厌恶的情绪开始消散。孩子不再需要忍耐，也不必保持沉默，伤口将在"健康"的组织上逐渐闭合。

　　当患者通过其正义的反抗，从父母不当的监护中解脱出来时，他们有时会发现，他们已经以某种形式接替了这些对自己发展有害的父母。他们将自己的原则整合到了一定程度，以至于他们的超我[1]，这种被内摄[2]的、内化的父母权威，使得他们想要摆脱的原则和价值观永久延续了。一个内在的"法官"正谴责他们，重要的是，治疗师要帮助他们理解这个过程，以便将他们从这个过程中解放出来。我想，许多读者认为父母不应该为所有事负责，而以这种方式污名化他们是不公平的，这个观点有时是正确的。我告诉他们，这种修复童年（尤其是与父母的关系）的工作只能通过受伤的孩子自己的眼睛来完成：治疗师让他们发言，以便他们放弃破坏性的依恋。他们往往是第一次亲眼回看这些痛苦岁月，不以它们为耻，接受这种凝视产生的脆弱和不稳定，已经是件很痛苦的事情！通过这些认识来动摇自己对父母的感情，也是很痛苦的事情！有多少孩子出于对父母的爱而保持沉默，哪怕事实无可争议？有多少孩子宁愿背负父母无能的负担？有多少成年人仍然拒绝真正地认识他们所崇拜的父母？

哀悼过程是必不可少的，患者先要对完美父母的幻想进行哀悼。理想的父亲并不存在，理想的母亲也不存在。人是会犯错的，很快，父母会跌落神座，他们离开了奥林匹斯山[3]……既然已经谈

1　超我在弗洛伊德人格结构理论中是指人格结构中的道德良心和自我理想部分。——译者注

2　内摄是一种自我防御机制，指把自己欣赏的外部或他人的品质特征结合到自身的行为观念上来。弗洛伊德的自我心理学理论认为：人的自我有控制本我的力量，个体儿时，父母或教师的期望、要求、理想会在他的内心发生内摄，超我由此形成。——译者注

3　希腊神话中诸神居住之处。——译者注

到了虚幻的完美这一主题，现在是时候对父母的虚幻完美进行哀悼了。虽然接受父母是不完美的这一事实让人心碎，但这就是所谓的成长，接受这一现实是令人宽慰和舒畅的。

　　弗洛朗斯说道："亲爱的爸爸，我已经等你很长时间了。今天也在等。很长一段时间里，我希望你会在外面等着我，希望我在你心里会比其他一切都更重要。也许发生过这种情况，但它们是如此之少，以至于我没有这方面的记忆。我记得的是：放学后，我的朋友们也离开了，从11点半开始，我就在等你。我会开始数白色的车，因为你的车也是白色的。我一直等着，很有耐心。

　　"今天我要离开了，虽然既愤怒又悲伤，但我还是要离开。我不会受任何人阻挠。直到最近，我都在等待：等待一个手势，一句话，一个关注的眼神。我就像一只等不来爱抚的小狗，一只忠诚的狗。在很长一段时间里，我都是一个有耐心而总是失望的小女孩。每天都是如此。

　　"接下来，我开始等待其他人。后来，我从来没有想象过，我可以因为被渴望、被爱而被别人寻找。我在后排找到了自己的位置，等待着一场没有到来的'不知道是什么的表演'。是的，我必须理解和接受的是，我想赶上你并看到你最终准时到达，已经太迟了。我想看到充满爱意且面带微笑的你，我梦想中的父亲就是那样。但你不是那样的人，你也不会成为那样的人。没有幻想中的父亲，生活靠自己，活不活下去就靠自己了，我也得靠自己，想象着自己从这些从未满足的期望中解脱出来。

"我还是不能真正让那个在小学外面等你的小女孩长大。她觉得很难放弃，所以我替她做了。我要求她不要再等你了。这样，我就可以朝着更好的、不那么痛苦的未来靠近，改变与对方的关系。我不再跟在别人后面做不重要的人，不再待在商店的后面等待，并顺从于欲望和事实。"

修复与父母有关的心理情感伤害，不仅仅涉及过去的事。有些患者现在已经成年了，仍然被他们父母的过度影响着。一些父母不惜一切代价控制他们的孩子，就好像他们一辈子都是孩子的主人一样，就好像孩子是"永远长不大的小不点"，他们没有能力为自己负责，他们必须被关在一个钟罩下，这个钟罩就是父母对孩子的一种控制欲。父母会用很多理由保持对子女的这种控制权：担心（不管是真是假），有了担心才会有这种控制；情感勒索和内疚，它们会破坏孩子想要独立的努力；金钱（一种广泛使用的支配手段）；让人喘不过气的恶意；过度要求子女忠诚；干预子女对朋友、职业或居住地的选择。除了这些理由，还有爱。一些父母认为只要是出于爱，一切行为都是可以的，包括支配性或破坏性的行为、批评、负面评判、"命令"或"过分"鼓励子女听从他们的建议。

巧妙地提炼孩子对自己和自己能力的怀疑，是创造需求的一个有效途径。主动提出"接管"是控制孩子的一个好方法。"我来做这个，你累了，休息一下吧。"这种爱，包裹着对成年子女进行控制的欲望。我想起那些父母，对不再是儿童的孩子说："我比你更了解你，我知道什么对你有好处。"我还想起了所有那些被自我中心和占有欲极强的母亲禁止另有所爱的"宠物女儿"（成年且单身），所有这些伪爱的表现都与真爱相去甚远。

我的一个患者的妻子每周花几小时为她 32 岁的儿子打扫房间，她还为他洗衣服……如果这个儿子接受治疗，他将决定结束这种让他母亲控制他的内在小孩的局面。他将明确地告诉母亲，他完全有能力照顾好自己和他的家务。虽然这样可能会伤害她的感情，但这并不是接受这种行为存在的好理由。这也关系到他母亲自己的生活，如果她有情感依赖问题，那么症结就出在她身上。这将是反抗感情专制的母亲的一个典型案例。许多母亲用这些简单的话来为她们对孩子的控制欲辩护："我只为你的幸福而活，我所做的一切都是为了你。"只有成年子女的反抗才能杜绝这些做法。母亲不必只为孩子而活，她也是一个女人、一个朋友、一个妻子，她有自己的职业、活动、追求、计划和生活等。

在治疗期间，患者要使自己摆脱这种善意的监护，摆脱这种认为自己无能为力的想法，是件很困难的事。然而，反抗一旦开始，病态情感依赖患者就走向成功了。

承担情感生活

患者还必须重新学习，意识到情感生活和各种各样的情绪是人类的重要组成部分。我说的"重新学习"是孩子感觉到也知道的一点。当他获得允许时，他会表达他的感受，用语言，用他的整个身体、手势、面部表情和他的创造力、行为，在他不被理解时，他也会用疾病来表达。然而，病态情感依赖者像害怕瘟疫一样害怕这种非常人性化的因素，他们认为自己无权真诚地表达感受，他们继续否认自己的情绪。从人的角度来看，这是可以理解的，但不幸的是，这剥夺了他们解决问题所必需的意识。只有在令人放心的治疗环境中，他们才会最终接触这些情绪，才会发现自己所缺失的尊重，并努力来修复这种缺失。他们必须确认在表达了这些情绪之后（正如我们在前文看到的）不会被评判，才允许自己把情绪当成自己的一部分。他们接受自己的愤怒、狂暴、羞耻感、内疚感、绝望和怨恨，有时还有操纵欲，操纵那些他们期望能给予他们如此多的爱和认可的人……

通过这种方式，他们设法接纳了这样的想法：所有情绪既不好也不坏，而是恰到好处。这些情绪是他们真实存在的回声，它们是他们的一部分，是有价值的信使，告知他们正在经历什么。当然，情绪也可能是一种困扰，但不能否认或隐藏它们。它们是患者个性和身份不可缺少的组成部分。任何病态的情感依赖都与情绪密切相关，因为情感依赖行为的产生正是为了对抗过度痛苦的情绪。

在童年的修复过程中，当责任被放回原位时，一种安抚的形式可能已经开始出现，自我厌恶感在减少，患者的内在小孩在康复，并获得了更大的自信。这样，成年人就有可能重新考虑他们的一些选择、信念和行为。患者与他们的情绪产生了更多的联系，也学会接受它们，即使是那些令人不悦的情绪……而一旦接受了这些情绪，他们将更容易发现自己真正想要的东西，并最终获得他们真正想要的。他们很有可能将停止"假装"从不生气，仿佛他们一直充满同情心、充满善意、如此慷慨……这对他们来说是一种错觉，对其他人来说是一种诱饵。他们更尊重自己的感受，也更能关注他人的情绪，并减少恐惧。渐渐地，他们会从情绪的矛盾中走出来，他们将能够识别对立的情绪，比如取悦的欲望和怨恨、悲伤和虚假的满足。他们不再害怕各种各样的愤怒。就像朱斯坦，他现在明白了为什么他的腿上有银屑病。这是情绪在身体上的表现，他现在能够面对自己的愤怒并设法补救。在与他最后一次的治疗谈话中，他非常清楚地阐述了原因："我的父母想让我成为一个'完美先生'，我没有任何出错的权利。"

　　患者也可以求助于他们曾经扮演的内在小孩给他以安抚和许可。他们将再次成为他的好父母，但是这次是一个经验丰富、有能力的父母。这种形式的再教育对于修复他们过去的情感生活，让他们体验当下日常生活中的真情实感而言至关重要。他们将不得不教这个内在小孩许多东西，以减轻他的痛苦，使其痊愈。他们会向他解释，情绪不是魔鬼，它们并不是什么邪恶或可怕的东西，它们都是合理的。孩子必须明白：他可以感到愤怒，但愤怒并不是伤害他人或自己的理由；他可以感到恐惧，但不应该在恐慌中把其他人拖下水；他可以感到难过，并且不想别人因此替他难过，反之亦然，他有权不替别人难过。最重要的是，他必须知道，感受自己的情绪会使人变得更有人情味，心灵变得更富足。

这项关于情绪工作的另一个目的是让患者承认：情绪，无论是愉快的还是痛苦的，不仅是个人的一部分，也是生命不可或缺的组成部分。只有死亡才能让它们彻底消亡。这是我们所有人一生中都要在内心深处面对的现实。治疗师能给出的最好的例子是，如果不表达这些情感，治疗将无法进行。我已经提到过，抗抑郁药和抗焦虑药会阻碍对情绪的感受，这并不利于治疗工作，但如果没有这些药物，患者反而会被压得喘不过气来，以至于治疗无法进行。治疗师在治疗中很难不询问患者的感受，双方必须学会面对这个矛盾。

承担自己的情感生活可以让患者更好地理解生活，减少对未知的恐惧。理解它意味着知道情绪为什么存在以及它是如何工作的。对绝对的渴求只会导致痛苦的幻灭，回避（适当的）愤怒表达会导致沮丧，有时甚至会导致暴力的言语或行为。理解自己的情感生活也意味着知道如何识别和命名自己的情绪，患者会越来越擅长给它们起名字。有些情绪是转瞬即逝的，而另一些则会激起可能具有欺骗性的身体感觉……现在障碍已经被解除，情绪终于有权利存在。情绪最终得到命名，之后就会与需求关联。我们都有情感需求，比如渴望好感、友谊、温柔、爱等，情绪存在于生活中的各个领域。当它们与这些非常人性化的需求相联系时，患者就有可能学习如何满足它们，至少是部分满足。

如果不能接受自己的情感生活，病态情感依赖者就会保持一种情绪麻木。这会导致抑郁、焦虑、失眠和各种身体表现，这是他们痛苦的证明。他们没有意识到这种麻木并不能以任何方式保护他们，他们无意识地在情绪和自己的其他方面之间竖起高墙，这正是他们生活痛苦的根源。

建立内部边界

想象一下，在一栋多层建筑中，电梯被拆毁，楼梯的门被上锁，人们无法上下楼。居民们将不再见面，并最终忘记邻居的存在。他们之间不会再有任何交流。现在再反过来想象一下，每间公寓之间没有墙，每个家庭的成员都可以到别人家里去，他们可以拿书、衣服，搬家具，在那睡觉、吃饭……我们很难给这些荒谬的情况创造一个心理表征[1]，然而，以上情况有点类似患者的内部边界状况。这个边界要么是一堵厚厚的墙，要么根本不存在，两种情况都很糟糕。我们刚刚谈到了包围情感生活的墙壁，若它们像坚固的城墙，无论是谁都无法越过，那么患者的情绪就如在一个四周设防的"兵营中"，让人难以接近，情绪最终不为人知或被人忽视。相反，缺乏内部边界很好地解释了情绪的泛滥，即患者总是非常痛苦，有

---

1 指信息或知识在心理活动中的表现和记录方式，是外在事物在心理活动中的内部再现。——译者注

时会惊恐万分。在这种情况下，情绪与快乐毫无关联。病态的情感依赖表明患者的内部边界存在严重问题，不管是边界的墙太厚还是太薄甚至不存在，这些内部边界限制着人的身心。

当内部边界不存在时，没有人能够真正知道他们是否会因为其本性或所作所为而被爱。存在和行为之间有很大的混淆，这些患者真实的自我和他们想给自己塑造的形象之间界限不清，他们的情绪和想法之间也是这样，他们的理智推理和情感之间也是这样，过去、现在和未来之间也这样。让我们举个例子，如果一个人没有在过去、现在和未来之间建立清晰的内部边界，那么当他在过去的生活中经历不愉快，他在现在就仍然遭受着与过去同样强烈的痛苦，因为他没有遵循我所说的情绪时间线。此外，他还会把自己的折磨投射到未来，比如"我已经受了很多苦，今天我仍然在受苦，我不知道我将来如何能停止受苦"，由此经他创造了痛苦的未来表征，且认为没有任何改善的希望。

他每时每刻都在他的过去"四处碰壁"。如果他建立起可渗透的边界，那么他就可以减轻痛苦，时间缓解了痛苦，并且可以发展出愉快的"项目"。他将能够想象一个让他生活得更好的未来。我们所谈论的患者因缺乏这些边界而痛苦不堪，他们日复一日地延续着艰难的童年经历，他们看到的未来一片黑暗。因此，他们在儿童期、青少年期、青年期和更成熟的成年期也缺乏界限。他们像个无助又无奈的孩子，没有任何能力改变自己的生活。

他们在生活的不同领域也可能缺乏内部边界，比如私人领域

（家庭、友情或爱情）以及社会和职业领域。这种缺乏只会再次导致情感、思想、情绪、期望和（并不总是合适的）行为的混淆。举一个简单的、常见的例子：将性（身体）需求与情感需求混淆，这就刻板地混淆了性和爱。当然，二者在真正的爱中是共存的，但对于患者来说，这种混淆特别具有破坏性。我有一个患者，他真诚地相信自己爱上了每一个和他发生过性关系的女人。他经常反复说："我爱女人，我爱她们。"但他并不知道如何去爱一个女人……有类似情况的女人也有很多。我经常遇到一些患者，他们把自己的内心力量与肌肉组织混为一谈，他们习惯通过健身维持肌肉结构，以掩盖他们所谓的"弱点"，即他们的敏感。有多少父母仍然将严厉、权威和责任混为一谈，他们没有在对他人的权力欲望与个人能力（他们无疑缺乏这种能力）之间建立界限。

　　"心理生态"需要桥梁或道路，即自我和时间的各个方面之间的访问途径。如果访问个体的心理很便利，将有可能终结所有那些导致内部迷雾的混淆。治疗师的作用是帮助患者建立这些边界和桥梁，他也需要帮助他们将内在的墙转变为可渗透的边界。因为当边界是真正的墙壁时，我们将不可能接触到一个人的信念，或其思想、情绪、感受，也不可能接触到他的记忆。许多患者说他们不记得早年的事情，他们没有关于童年的记忆，他们的过去被封锁了，与这些年的失忆有关的情感也被封锁了。尽管或许有那么一刻，壁垒是良好的、有用的保护措施，但它们最终会变成一种隔离，首先将患者与自己隔离：这些患者遭受到内部隔离，使得自己无法接触自己人格的不同组成部分。这就是为什么他们中的大多数人会谈及他们内心的"巨大空虚"，这是病态情感依赖者的体验。

情绪：有待发现的世界

情绪是多种多样的，它有时非常微妙，很能说明真相。在连续的部分中，有一个完整的世界需要我们发现。你感到内疚吗？问问自己对你来说有什么重要的价值被出卖了，你是如何对自己不忠的。你感到悲伤吗？问问自己你错过了什么。你感到害怕吗？问问自己你害怕什么。你感到失望吗？问问自己你的期望是否现实且得当。

我们所有的情绪都有非常重要的信息要告诉我们。我们生活在一个要求我们压制情绪的社会中，我们把它们深深地埋藏起来，以至于它们被遗忘。当然，那些被允许的情绪除外：快乐、欲望、骄傲、愉悦……但我们的情绪变得如何呢？隐藏情绪毫无用处，它们就在我们体内，就像地下的河流一样，静静地沿着河床流淌，但最终总是会显现……拒绝情绪是没有意义的，它们代表了我们体内的生命。即使被剥夺，人们也能够感受情感。即使在昏迷中，人仍然能接受依恋的表达，爱抚他的手会让他的脸上浮现淡淡的微笑。他闭着眼睛，转向默默坐在他身边的人。难道我们需要在焦虑、抑郁时只能靠化学药品才能

"好起来"的人吗？难道我们需要这种有着人类面孔但情绪被麻痹的机器人吗？想象一下，一个不再微笑的孩子会怎样……

为了帮助患者建立（可渗透的）内部边界，治疗师可以做个比喻，把每个领域（情感、信念、思想、愿望、时间的组成部分、童年、青春期、不同的角色和功能等）都用一个图像来表示。它可以是房子里的一个房间，图书馆的书架或查找资料的档案室。边界被比成可以打开的门、窗户，或患者想象的任何其他视觉表现。它们是邻居——这些是自我的组成部分——它们彼此了解、互相尊重，即使它们并不总是意见一致，它们也能够表达自己并进行互动。这样，患者通过审视它们所传达的信息，可以更容易理解自己的情绪来源（总是与所经历的事件有关）。留意到这一信息，他就会知道如何根据这种情绪采取行动。多亏了这种心理意向，他现在才有可能识别出属于过去，且与当下不再相关的情绪。他将能够理解使他感到困惑的内在矛盾是什么。即使某些人的行为不适合他或不再适合他，他也能识别其功能，并在尊重其功能的同时，想象其他满足它的方式。因为人的所有组成部分都有其存在的理由，有必须了解的功能。最重要的是，这个阶段能让患者意识到自己内在的丰富性，而此前他只感觉空虚！

培养自尊心

只有了解自己，自尊才能存在。在治疗工作中更好地了解自己是至关重要的。当一个人感到空虚时，他靠什么来培养自尊呢？既然自尊和自重是相互不可分割的，患者就需要找到欣赏自己的理由。当他们更了解自己时，他们开始看到自己真正需要的东西。他们会摆脱自己的无知，满怀希望地迎接这个重聚的阶段。即使他们对尊重自己的权利还有些怀疑，即使他们对自己的个人价值还不是很确定，他们已经非常欣慰了。他们知道自己被允许这样做，而且为了获得自尊，他们有必要知道如何定义自我，这个"自我"固然不完美，但却是一个能与他们和谐相处的自我。

保罗·瓦莱里（Paul Valéry）说："你充满了你称之为'我'的秘密。"现在是时候去发现这些秘密了，而不是仅仅希望自己成为另一个人。重新定义自己、清晰地描述自己是一种能力，也是一种根本性的进步。了解自己的技能和能力（无论在哪个领域），有助于我们培养更大的自信。同时，我们也必须认识到自己的局限性：世界上没有人能够拥有所有的技能，这是绝对不可能的。但随着时间的推移，有些技能是可以学习或完善的。在探索过程中，我们经常出现的无助感会减少。治疗师可以鼓励患者认识到自己在许多方面都对他人有用，那为什么不把这种能力用于自己呢？那为什么还要继续相信自己只能依赖他人呢？当患者发现所有的技能都被用于帮助他人时，自信心开始建立。当他们发现自己所做的一切并非中看不中用时，他们开始为自己感到自豪。这种意识是非常有益的，随着治疗的进行，它会有助于患者建立一个越来越积极的自我意识。患者认为他们拥有可以为自己所用的个人力量。失败将不再让他们恐惧，别人的评判也不再让他们恐惧。他们现在知道，他们有非常真实的技能可以依靠。

自信的建立先于自尊的建立，自尊可以在自信这片优质的"土壤"中生根。渐渐地，患者会带着一种既清醒又平和的目光，展现他们本来的样子，而不再摆出他们知道该怎么做的样子。这些变化渐渐出现，并带来快乐，他们就好像认识了一个以前不认识的人一样，他们越来越喜欢这个人。他的品味，他的兴趣和愿望，他的思想，他的情感，他的欲望和需求都让人喜爱。而那些不太讨人喜欢的个性和特征，患者也会接受它们，因为这些和他们的优点一样，都是自己的一部分。

在治疗过程中，治疗师就是这样帮助患者接近自己的，就像寻找失散多年的朋友一样再次认识自己。尽管有严重的情感缺失，尽管可能有人因此厌恶生活而想死去，但他们能在自己身上找到能量。即使他们很沮丧，他们对自己的了解和他们内心的感受，也会把他们拉向这条漫长黑暗的隧道出口。因此，这更像是在寻求与自己协调一致、忠于自我的最深层的愿望。渴望被爱是再正常不过的事了，但不能不惜任何代价。患者付出的代价受到了严重质疑，爱是被给予的，而不能被买卖交易。爱可以被拒绝，但接受爱时也应当理解一点：自己可以非常可爱，但也有可能不被这个或那个人喜欢。他人的认可将不再是用于支撑自尊心的"义肢"，他人的认可不再是必要的，或者不再像以前那么重要。我们不可能总是被他人喜欢，至于合理应对这种情况的能力，患者可以从自己身上找到。无论是在私人生活还是在职业生活中，渴望被认可都是人之常情，但这一点并不总会表达出来。患者满足于自己所得到的东西，并通过给予自己赞同和认可来填补空白。于是，依赖性减少了，自尊心被一点点地建立起来了。

弗洛朗斯回顾了一年来的情况。

半空的杯子

我对自己的生命充满了恐惧。总想象最坏的情况：疾病、痛苦、孤独。

我有一种难以描述的愤怒，不被爱的愤怒。

我沉迷于情感，这就是我。有时我觉得我把我的自尊和洗澡水一起倒掉了。

我有无法前进的感觉。我的一生都将是这样的，是一张无法被涂黑的空白纸，只能漫无目的地游荡。

我仍然不相信自己是完全可爱的。

我有着太多回溯。我对自己成长过程的苛刻看法没有给我留下足够的自主权，我的个性被母亲的意愿完全压垮，我太顺从她的意志了，我落后于其他人。不然的话，我的生活必定有很大的不同，我会成为一个战士、一个斗士、一个胜利者，但这会让人了解到我现在是一个多么失败的人。

我有太多的自我凝视。我没有任何值得欣赏的地方。

我太懒惰。我让自己活着，趋于安逸，在我看来就是趋于平庸。我对自己不再有智商方面的要求，我十分怠惰。

半满的杯子

我已经与我的身体和解了。肾脏手术后，我意识到我可以信任它。这是一种解放，我们相处得好多了。

我开始觉得我是一个好人。我的价值观很正直。是的，我值得拥有美好的东西。我是一个好人。

在很精彩的旅行年，我回到天寒地冻的纽约，我的城市。春天的时候我回到马德里，在那儿我度过了一个阳光明媚的夏天。之后，我在亚洲度过秋天，那里很有魅力。

◎　　自我和"理想的自我"　　◎

病态情感依赖者长期以来憎恨自己不符合"理想的自我"，憎恨自己从未实现过幻想的宏伟理想，他们不知道梦想并不一定总是适应现实。他们对事物的完美有一个宏伟的理想，这是个既不现实又无法实现的抱负。很明显，他们认为的自己和他们希望成为的人之间的差距只会让他们拒绝自己，通过投射，他们只能想象被别人拒绝。当"理想的自我"是"一片你永远无法到达的土地"时，这种情况就会发生。虽然想要完善自己是非常值得赞扬的，但用所有的品质和美德来装点自己是虚幻的。

我们要学会清醒地评价自己，用人的品质和不可避免的缺陷与局限性来评价自己。如果我们不知道界限，又如何能够推动它们呢？如果我们不知道什么适合自己，不能接触自己最深层的身份，那么怎么能确定什么对我们好或不好呢？如果我们认识不到自己身上的优点，那么怎么能发现对方身上的优点呢？

理想的自我是一种良好的鞭策，可以激励自己前进，使自己内心存在的东西得以实现，但我们不应把它作为一种参考，对自己进行消极评价。我们可以说"我想培养这种品质"，但不能说"我永远做不到"，除非我们根本不具备这种能力，或这种品质与我们的个性完全不符。我们不能成为别人，人与人之间是有差异的，这种不同会丰富人际关系。如果我们不是独一无二的，生活就会变得很无聊！我们最好依靠那些可以信任的、真正属于自己的能力。

患者越了解自己，就越知道自己想要什么、渴望什么、希望什么，他们受别人的影响也越小。他们不再一次又一次地重复他们的过去，在通往自尊的道路上，他们明白，为了忠于自己、尊重自己，他们必须倾听自己的声音。这将使他们免除很多负罪感。正如他们了解到的，他们将不会再像风向标一样，根据是否得到了对方的好评而改变对自己的看法。他们知道，对肯定和赞许的渴望不能再支配他们的情绪、决定和行为，更重要的是首先考虑自己。他们早就知道，不惜一切代价取悦他人是非常糟糕的……

随着患者自尊心的增强，他们不再拒绝和蔑视自己的现状，不再受人操控。患者不再确认自己有没有价值，他们抛弃了自我实现的预言，因为这些预测只会强化他们对自己的失望。他们不再憎恨自己，开始通过不同的行为和不同的交流模式来验证这个世界和他人对他们没有敌意。"只能这样做""做得不好将带来羞耻感"以及对不完美的内疚感的想法都渐渐消失。他们终于可以接触自己的欲望和愿望，并予以考虑。他们欣赏自己的现状，没有太多自大的想法，他们知道自己有能力通过思考做决定，并坚持下去。他们能做出选择而不后悔，持续讨论而不在对方身上迷失自我，必要时他们还会为自己"站队"，并接受不同意见和批评。他们的自我价值感会随着每次成功而提高，且不会在错误或失败面前崩溃。

其他人的幸福可能仍然是病态情感依赖者的关注点，但它不再是一种困扰，因为患者在治疗过程中已经放弃了对他人认可的病态追求。他们对自己有了正确的认可，这对他们来说就足够了，这种认可会加强他们的自尊。他们不再需要隐藏面孔、自欺欺人或试图为他人眼中的自己辩解，自发性[1]收回了它原本的权利，占据了上

---

1 指行为不是由外部刺激所引发，而是发自内心的。——译者注

风。最重要的是，患者发现，虽然起初他们并不愿意相信，但他们与自己的良好关系使他们能够享受自己独处的时刻，并找到乐趣。他们意识到自己作为一个生命体的丰富性。这是一种接受自己本来样子的快乐，他们不贬低自己，也不狂妄自大（我称之为自我膨胀）。虽然看起来很矛盾，但事实是，自我膨胀恰恰是自卑心严重的表现……

这些患者现在能够承认并承担他们的欲望和需要，对自己的个人力量充满信心，他们可以确定：他们在世上的任务不再是在他人的欲望中自我异化，对自己真实个性的清晰探索逐渐引导他们对自己诚实。**忠诚、一致性、完整性**，这三种存在价值对于接受自己（即使人生并不总是一帆风顺）和激励自己创造最好的生活至关重要。这三种价值观直接源于个体坚实的自尊，即使它有时会因我们正在经历的事情而有所不同，但变化不大。完善的自我价值感是防止崩溃的强大堡垒。即使在动荡中，仍然可以自由地进行自我思考和感受。我们在自己眼中是宝贵的，如何保护和照顾自己是我们的责任。

必要的自私

在这些治疗中，我们最常听见的反对意见是："但我会变得自私！这是不可能的！"然而，变得自私可能是非常有用和必要的。照顾和保护自己，知道如何量力而行，倾听自己的情绪并加以考虑，了解自己的需求和欲望并设法满足它们，这些可能都被描述为"自私"，这是这个词的正面意义。如果尊重自己的正直、承认自己是自私的，那么就让我们自私一点吧！如果忠实于内心是自私的，那就让我们自私一点吧！重要的是能够确定你能为对方做什么并且不出卖自己，不触及让自己生气的底线，毕竟对方与此无关。

我们为什么要重视别人胜过自己呢？我们为什么要重视别人的欲望胜过自己的欲望呢？基于什么理由呢？又以什么名义呢？我们不如其他人重要吗？在什么方面？为什么？自我牺牲已经持续了太长时间，可它带来了什么呢？准确地说，带来了对他人的不满和愤怒。同时照顾好自己和他人是不可能的吗？专注于自己的优先事项、自己的需求和愿望，会不会妨碍自己考虑到其他人的需求呢？我的经验一直向我证明：一个人只有懂得尊重自己，才能真正为他人带来帮助。自尊与自我中心主义无关，自尊不排斥对方。恰恰相反，有自尊的人知道如何为人处世。

所有想法对患者来说都是崭新的，所有技能都不是一天就能练就的！虽然从智力层面，它们容易被理解，但对其进行整合和应用之前，我们还需要时间。这是因为这些患者常常对这些自我认知的变化提出许多反对意见，他们的论点来自他们在与自己和与他人的关系中反复失败的经历。为了陪伴患者走向解脱，有耐心是非常重要的，因为之前树立的障碍不仅很牢固，而且在患者过去的生活中已经得到了强化。自我意识和问题之间缺乏界限，导致患者长期以来一直混淆了自我与问题，好像他们只是问题本身，而不是有问题要解决的人，这时他们就要重新审视自己了。过去，他们做了他们能做的事，他们确信他们只能这么做。治疗师会建议他们不要继续责备自己，而是以宽容平和的态度看待自己，因为这是接纳自己和自己的一切的必要步骤。完成这个阶段后，患者将明白：无论发生什么，他们都必须忠于自己，以避免再遇到他们的老敌人——自我厌恶。要爱自己，就必须要以欣赏自己的方式行事，这正是他们通过增强自尊学到的。他们意识到光有欲望是不够的，还必须要有控制欲望的意愿，至少是部分控制。他们不再是总提要求的儿童，而是知道如何依靠自己的成年人。他们的意志和欲望共同做出选择，在日复一日地构建他们的现在以及未来。

当自尊的基础得到巩固时，患者情感上的依赖就会减少，他们与自己的关系也会得到改善，因此他们可以学会与他人建立更好的关系。

与他人建立更好的关系

在之前的学习中，患者能够自我同情、自我宽容，并接受自己本来的样子，其中既有他们能够欣赏的方面，也有他们不太喜欢的方面。在放弃了完美之后，他们现在能够容忍他人的不完美，因为他们不再有过高的期望了。在接受了他们自己的弱点之后，他人也更愿意接纳他人的弱点。他们已经明白，自己的幸福主要掌握在自己手中，而其他人只能对此给予辅助性的帮助。摆脱了这种让他们快乐的沉重义务之后，他们终于能够更客观地审视自己本来的样子以及他们能带来什么（这绝不是一种义务），并从中受益。患者学会了放弃他们有时觉得很难放下的想法和信念。

进行必要的放弃

现在，是时候放弃一些只会导致失落的幻觉了，比如希望爱我们的人能完全理解我们。即使对于那些真正很爱我们的人，这也不过是一种幻觉，放弃这种幻觉会感到很痛苦。严格来说，完全换位思考是不可能的。当然，那些爱我们的人已经非常了解我们了，但这种了解永远不会是完整的。事实就是如此。即使是父母、伴侣或最好的朋友，也永远不会像我们希望的那样懂我们。这就是为什么我们作为唯一深入了解自己的人，必须对自己保持忠诚。没有人比我们更懂自己，没有人可以专横地支配我们的选择、决定和行为，更不要说我们的思想或感受了。我们可以征求、听取、考虑别人的建议，但最终还是由我们自己的行动、思考和感受决定选择。即使我们更愿意听那些有能力给我们建议的人的意见，我们仍然保留了自己的决策空间。这关乎我们自己和我们的生活，哪怕他人是出于好意，也没有人可以强迫我们对自己的生活做任何事。我们对发生的事情赋予意义，我们为我们所经历的情境赋予重要性，只有我们知道我们的优先事项。当然，没有人会对所有问题都有答案，我们最好是找那些能够指导我们的"专家"。完全自主的想法或愿望只是一个空想，它也是一种心理僵化[1]的表现：我们需要他人。我们向他人求助是我们的选择，但是他们不能将自己的想法强加于我们。幼儿期对权威人物的依赖，尤其是对父母价值观的依赖，将不再适用于引导成年人，因为他们急需放弃"父母完全理解孩子"的想法。指望那些占有欲强、保护过度和控制欲强的父母接受他们的孩子随心所欲地生活也是一种幻想。同样，我们也必须停止相信父母比自己更了解自己，尽管这种幻觉能让儿童放心，但对青少年来说已经不那么让人安心了，对成年人来说更是已经完全过时了。相信父母会改变，最终成为孩子所希望的样子，是很虚幻、很幼稚的。通常来说，我们最好放弃任何改变对方、改变他人的计划……

　　37岁的奥克萨娜给母亲留了语言信息："妈妈，我正试图为你找到情有可原的解释，所有母亲都会犯错，我母亲可能并不比别人糟。虽然我的记忆有时抹去了对你愤怒的痕迹，但那些总是被重新提起的事又重新唤起了愤怒，然而，这种愤怒早就该被收进一个尘封的抽屉里了。我今天给你打了3分钟的

---

1 指过于依赖自己的知识或过往经验来认识事物，是一种对抗变化、缺乏变通性的适应障碍状态。——译者注

电话，你因为我 4 天没给你消息而在生闷气，就像之前你对我的态度不满意时经常生闷气一样。你曾经对我说不满意我现在的样子，不满意我做的事，所以你生闷气，好让我能变成你希望的样子……你仍然想改变我，而我却在努力接受你永远不会改变的事实。你不喜欢我现在的样子，这非常令人痛苦，很伤人，也很不公平。

"我为了坚持自己，为了呼吸，将青春期变为一个不断与你斗争的过程。我必须像个天使一样，让你的生活变得美好。我生来就是为了听从你的安排。你只关心自己，你试图在身体和智力上塑造我，让我成为一个不属于我自己的人。我觉得一生好像都在让你蒙羞，我的母亲。事实上，我是在拼命讨你欢心。我不记得你的赞美，我只记得你的羞辱。我也没有权利犯错，我们的家庭生活就像军营生活……

"你读了我的日记。当我 17 岁高中毕业后想去巴黎时，你对我说：'你要怎么谋生？你什么都不会做吧？'你的母亲身份足以证明你是对的。你明明有丈夫，可你在生病时总是让我照顾你。你告诉我，如果你没有遇到他，你会更快乐。你告诉我一些我并不想知道的事情。你一生都在和他争吵，有时非常激烈。你比我更清楚什么适合我，你比我更清楚要如何过我的生活。很可惜，生活是我的，我不打算把它给你。我很抱歉，我必须限制你对我的控制，保持距离，设置界限。我要拒绝令我更窒息的生活。"

　　我们还有另一种必须要放弃的幻觉，这是一种我们从很小的时候就维持的幻觉，它会让我们相信自己无所不能。从情感上讲，患者付出了高昂的代价，因为他们相信只要把自己无条件地交给别人，为他人牺牲，就足以获得爱的回报。这种信念是儿童神奇思维的一部分，成人必须与其分离，才能摆脱病态的情感依赖。虽然小孩子的微笑能够感动母亲，但当一个人长大后就不再是这样了。放弃这种对对方的乌托邦式的权力想象，可以使我们能正确看待自己对别人产生的影响。如果我们必须尊重我们的完整性和一致性，那么我们也必须尊重周围人的完整性和一致性。患者想要尊重自己，就必须尊重他人，以打破负反馈循环。

　　同样，患者放弃了他们可以完全控制他人的幻想，就像他们的父母控制他们一样。要想使关系生活愉快、充实、让人获得成长，关系就必须是平等的，它绝不是凌驾或反对某人的权力。这种控制通常是病态的，操纵性很强，往往是病态自恋者所为。这种控制会带来极具破坏性的关系。很多时候，权力和性格的力量被错误地混淆了，个体真正的内在力量在于放弃权力和尊重他人。除了弥补自卑感，我们要这种无法与友谊或爱情相提并论的力量做什么呢？保罗·瓦莱里说："领导者是一个需要他人的人。"想帮助和支持他人是人之常情，特别当他们提出请求而我们也尊重了他们时，这与控制的欲望无关。当然，如果我们不扮演拯救者的角色，那欺骗和控制都是有可能的。放弃对对方的控制意味着可以拒绝提供某项帮助，我们可以说"不"，还可以对自己说，"这与我无关，我不想卷进去"。这也意味着停止持续不断地关心对方正在经历的事情，不代替他们做他们可以做好的事。放弃控制，就意味着在对方对我们无所求时脱离他的生活，然后停止孜孜不倦地寻求认可或感激，从而离开依赖和共生依赖。

完全控制自己的概念也是如此。无论我们主张和希望的是什么，这种想法都与我们无关，因为这是一种完美的概念，也是一个必须被放弃的幻想。学会如何控制自己，以便文明地与他人相处是一回事，而锻炼所有的肌肉以实现对自己的完全控制是另一回事。这肯定与适应人和环境的必要灵活性不相符，也与人类容易犯错的观点不相容，毕竟爱犯错是人类的特征之一……我们再来看看病态情感依赖者的做法：他们不断地试图压制他们的情绪、思想和自发性，这将与患者的目标倒置相对应。我记得一位女士参加我主持的一个关于情绪的研讨会，当她意识到会议的主题是"接受和理解情绪"时，她起身拿着东西向门口走去。她用一种既专横又充满愤怒的语气对我说："我想要的是学会完全控制它们。这儿不适合我！"

患者很可能已经放弃了幸福来自他人的信念。与其向他人捧出一个无法被装满的"托盘"，不如把自己的幸福掌握在自己手中。毕竟一个人只能给予对方他所拥有的，甚至没有义务必须给予。我们每个人都有自己的局限性，也都有自由意志。显然，对于病态情感依赖者来说，这种限制一个人可以为另一个人做什么的概念可能看起来很奇怪，他们曾经把"一切"都给了对方。然而，由于他们与自己的关系已经得到了相当程度的修复，他们能够同意这种放弃，尽管这个放弃十分让人痛苦，但这迫使他们面对自己和自己的责任。

弗洛朗斯说："如今，我孑然一身。想一想我所经历的折磨和走过的曲折道路，谁还能保持这样的状态呢。我选择了一条多么沉重的路啊！我以为我生来就是这样与众不同，是一个将女性送回到她们作为母亲和伴侣的状态的人。我是面对白昼的黑夜，是面对太阳的月亮，是面对陆地的大海，是面对婚姻的单身女人，是面对家庭的孤独女人。从昨天开始，我一直在笑声和泪水之间徘徊，我知道我将不得不放弃某些东西……放弃会带来悲伤，不是吗？但我正在清理我脑海的生活，那里一片虚空。我遵循简单而有效的原则，即所有东西都有一个位置，如果没有，它就不属于这里。在我的最后一次邂逅中，我犯了一个过分的错误，这让我明白一切该结束了，我就停在这里了。我只能怪自己。我不能再这样生活了：一个脆弱的女孩披着坚固的盔甲，其实也不是那么坚固……我终于开始给父亲写信。"

她描述的信的内容如下。

　　我最亲爱的爸爸：

　　在很长一段时间里，我都在等你看向我。我等你看到我，看到我的存在，我一直等待着为你而存在。我可能会问问自己是否还在等，我等了你好久。我非常希望你能看到我，和我说说话。作为一个小孩子，作为一个人，作为你的家人，我不知道我对你意味着什么……当然，我是你的女儿。或许这只是出于某种义务吧。我总是被排在次要的位置，就像是照片的背景。

　　我本来想要的是拥有我应有的位置，作为一个孩子的位置，作为一个女儿的位置，而不是被排在你的工作和情人之后。我本来想排在妈妈后面，仅此而已。我小时候没什么存在感，但当你们离婚时，我就成了勒索的工具，成了棋局中的一枚棋子。我为自己而存在的机会更少了，我是为你而存在的。因此，缺席、沉默、忙碌的人、没时间的人，这样的标签我都很熟悉。我真是个探测器，如果把我放在一个有50个男人的房间里，那么我一定会被那个刚给我带来不幸的男人吸引。

　　为了在男人的眼中存在，我需要吸引他们的目光，激起他们的兴趣，而不是隐藏我的目光。我把事情弄得一团糟。我告诉自己，看着我的男人就是爱我的男人。我没有真正明白，看着我的男人只是一个想得到我的男人，仅此而已。我糊涂了，我告诉自己，看着我的男人就是我为之存在的人，于是我存在了。我，在这个男人的眼中，存在了一瞬间，一个短暂的时刻，然后……

　　如果我不解开这个结，那么我将停滞不前，以后再也无法前进。如果我不解开这个锁链，不摆脱这种状态和这种做事的方式，那么我将放弃新的爱情——一种美好而健康的爱情。如今，我可以选择继续生活在这些失败中，在这些还没有开始就

已经结束的故事中。我选择了光明的一面，选择不再因为一个
男人而等待。

我是个好人，我要按照自己本来的样子去爱、去生活，我
决定不再等待。

我们也有必要放弃某些无法满足的期望。失望会因此变得不那
么强烈，它们不再带来怨恨、沮丧和愤怒。个体的期望值将被"降
低"，更容易被满足，因为它们更适合每个人。在整个童年时期，
我们依靠父母是正常的，但在成年人的世界中，依靠他人已经不再
合适。否则，这个依靠的对象就是有过错的人，要对问题负责。为
了实现这种放弃，参加某些告别过程是必要的，这意味着个体接受
了现实。比如我们告别理想的母亲、理想的父亲、理想的家庭、理
想的配偶、理想的朋友……

为了实现这一点（以理想的母亲为例），我要求患者先思考一
个理想的母亲应该具有哪些品质和行为，然后审视自己，看看自己
是否具有这些品质，是否有能力做出这些行为。大多数情况下，答
案都是肯定的。在明确答案后，我请患者利用所有潜在能力成为自
己的"好母亲"，并为自己提供所需的东西。患者不要在其他地方
寻找，也不要在朋友、伴侣、孩子身上寻找这些东西——孩子们往
往背负着父母、祖父母的期望，这是一条不健康的链条。孩子并不
是抵御孤独或痛苦的保障，学习做一个"好母亲"或"好父亲"是
治疗的一个重要步骤。

这样，患者交际环境中的人被接受了，尽管不完美，但他们不再是被理想化的人。要知道，我们不能期望从他人那里得到"一切"，他们也有局限性，他们没有解决所有问题的答案。这产生了一个学习过程：接受挫折。这也是人类的一种状态，是我们从很小的时候就开始学习的内容。我们无法设想一种没有丝毫困难、没有悲伤的生活。治疗师将认识到患者经常遇到的困境，他必须引导他们在必要时容忍一些事，如挫折和痛苦。治疗的目的不是使患者一直快乐，这没什么意义，而是让患者恢复个人力量。

在尝试这些态度转变（包括对他人和对自己的）时，患者可能对自己的真正动机感到困惑。在意识中，他们完全愿意做出重要改变，而在无意识中，他们希望延续的情感可能会持续存在，为自己的生活负责对他们而言仍然是非常可怕的事情。治疗师必须非常细心并提醒他们："存在的内疚源于不作为，即对自己在生活中没有做的事情感到内疚。"治疗师要提醒他们，在他们以极大的勇气进行治疗之前，他们会经历煎熬。治疗师经常向患者保证这项工作的重要性，以及他们将从这些煎熬中获得的诸多好处。治疗师会告诉患者那些贬低性预言的危险，"我永远做不到，这不适合我……"，这些自我实现预言[1]在过去给他们带来了很多痛苦。通过一次又一次会谈，治疗工作将患者带回到已经被忘记的现实。患者只能依靠自己，放弃无力感，放弃自我怜悯以及更多……然而，多亏了放

---

[1] 使自己的预期成真的预言，也称为自证预言。——译者注

弃，他们的"阴霾天空"出现了新的可能性。

　　患者还要做出另一个很痛苦的选择，那就是放弃认为他们活着是为了让别人幸福的信念。这就像他们放下了自己的幸福只能依赖外部的幻想。我们必须花时间解释：和他们一样，他人也要对自己的幸福负责。如果他人表达了意愿，我们可以参与其中，但对方的要求为我们能做的事划定了范围。"这样我的生命就会变得没用了"，这句话概括了由这种放弃导致的恐慌。"有用"是病态情感依赖者的一种实质性需求。但这不是一个停止"有用"的问题，患者应学会有分寸地"有用"并回应请求——很简单，避免像拯救者那样具有侵扰性。学着变得真正地"有用"，同时保持自己的本色，不掩盖自己的需求。慷慨、关心、同理心和同情心都是美好的价值观：如果因为过度或想占有对方而破坏了这些，那就太可惜了。

　　不是有句话叫"授人以鱼，不如授人以渔"吗？

 弗里茨·皮尔斯（Fritz Perls）[1] 的"格式塔[2] 劝导语"

　　"我管我的事，你管你的事。

　　我在这个世界上不是为了满足你的期望。

1　德国精神病学家、心理治疗师，格式塔疗法的创始人。——译者注

2　心理学术语，音译自德语 Gestalt，主要指完形，即具有不同部分分离特性的有机整体。人们将这种整体特性运用到心理学研究中，产生了格式塔心理学，也称完形心理学。——译者注

　　　而你在这个世界也不是为了满足我的期望。

　　　你是你，我是我。

　　　如果我们偶然相遇，那真是太好了。

　　　如果没有，我们对此也无能为力。"

　　我现在谈到的是最痛苦的放弃，它与放弃取悦有关，这会导致一种恐惧。如果一个人最终勇敢脱掉为了引诱和顺从而穿的华丽又俗气的旧戏服，那么他可能不再那么受人喜爱了。或者更糟糕，他不再被某些人所爱，人们可能会怀疑这是否真的是爱……患者害怕让自己的父母不高兴。对于"他们会减少对我的爱吗"这个问题，我会回答："如果他们真的爱你，他们会永远爱你，就像现在这样。"无论父母对子女，还是子女对父母，都是如此。患者还害怕朋友、伴侣和身边的人不高兴，而他知道如何让他们高兴……但如果对方欣赏的只是这种"服务"，那么他们作为个体的感受又有什么价值呢？一个只知道牺牲自己的人，他的想法又有什么价值呢？

　　这是一个"永远"放弃融合、放弃病态情感依赖的问题。个体在存在的同时接受分离，成为一个既独立又与他人相连的个体，这是一个"正常"的过程，它让人感受到自己是一个完整的人，也是一种获得自主权的方法。我坚持认为，完全的独立是不存在的。只有这种抽离才能使人与对方建立真正的亲密关系，同时我们也要尊重每个人的完整性。如果我错认为对方是我的一部分，我怎么能和他亲密呢？只有两个独立的个体才能走到一起，走向彼此。在友谊和爱情中有效的做法，对家庭关系也同样奏效。只有生活品质能大大缓解对孤独的恐惧，而只有抽离才能带来这种品质。渴望被爱很正常，地球上的每个人都在情感上有所依赖，但"每时每刻都要完全融合"只会侵蚀情感联结，直至联结消失。反之，在表达依恋时让人感到自由，可以加深情感联结并确保它们更长久。

这种接受脱离的行为会引起许多焦虑，而时间会帮助患者。一切都将非常缓慢地、循序渐进地进行，并且有暂停时间专门用于安抚患者。脱离这一概念不可避免地涉及婴儿的分离焦虑，因此我们有必要反复明确：如果一个人成功完成分离，那么他会得到更好的爱。他失去了某种形式的安全（实际上是幻想的），但他获得了更好的生活能力。放弃的过程就是这样开始的，类似于哀悼，类似于接受分离。这在个体出生时，也就是在与母亲的融合结束时已经发生。这种分离并非没有带来痛苦，它能让人学习如何体验孤独。人和最好的朋友在一起时不是很开心吗？当人能够与自己独处，就能对对方产生真实的爱。自尊心也建立起来了，这对患者来说是一个伟大的胜利。他们已经成为对自己足够好的"母亲"，并在自我养育中获得了成功。他们知道自己是被爱的，知道自己可以被爱。

只有当一个人能够在自己的内在世界和外部世界之间建立有效的界限时，他们才能接受分离和脱离。

建立外部边界

当分离（绝不是隔离）的概念被很好地接纳时，患者就能够认识到他们与其他人不同，在独特性方面他们是独一无二的。他们能够明确区分自己和他人，以免溶解或迷失在他人中。相连意味着连接，意味着建立一种关系。没有独立，就无法连接。

领地的概念对人类和动物一样重要。动物用它们的气味标记它们的领地，而人类在历史早期也标记过领地。大脑中被称为爬行脑[1]的部分的功能正是为了保护我们的领地，这里的领地指的是我们的个人空间。第一个物理领地是我们的身体，它不属于任何人，只属于我们自己，这就是为什么体罚是对儿童身体的重大侵犯。从童年开始，我们就小心翼翼地捍卫着我们的床、我们的书架、我们的抽屉、我们的房间和我们的衣物。我们是对的，这关系到我们的安全感。没有个人空间，我们会感到不安，并变得有攻击性。这还解释了一些不文明现象：它们可能发生在拥挤不堪的公共交通工具上，或者发生在一个人口众多的家庭共住的小公寓里，或者是私人生活的噪声侵占了他人居住的楼房……

这同样适用于我们的认知、心理和情感层面的个人空间。我们必须捍卫它，抵御任何形式的入侵，而不是在自我封闭中躲避入侵，排斥与他人接触，从而导致一种难以忍受的"堡垒般"的孤独感。

许多人在汽车上财物被偷或家里被盗后，会有一种被"侵犯"

---

1 来自三脑理论，指所有爬行动物都具有的"原始脑"，它负责个体的生存、生理安全需求和身体知觉。——译者注

的感觉。保护物理领地是我们仅存的一点原始本能。因此，当我听到一些父母告诉我他们的房间没有门时，我感到非常惊愕，他们要求孩子永远不要完全关闭他们房间的门。他们在进入孩子房间之前不敲门，或者敲了门但未经同意就进去了。这种侵扰属于极大的不尊重，即使是对孩子也是如此。"但他怕黑"，那么夜灯是做什么用的？摄像头是做什么用的？就在昨天，一个患者告诉我，她家连浴室的门都关不上，她的父母可以在她洗澡的时候进来，更不用说卫生间的门了……这破坏了孩子的心理平衡，他们遭受了无数次的入侵，而父母的借口都一样：他们只是孩子。

　　这些案例描述的是非常明显的侵扰行为，实际要发现他人的"越界"行为并不容易，因为我们不一定能意识到自己的边界。谁会将未经询问就提供建议的简单事实定性为侵扰呢？谁会将别人"因为很担心并且想要放心"而提出的某些私人问题定性为侵扰呢？道德说教者，即使是伪装的，也知道他们是在侵扰他人吗？我们经常带着世界上最好的意图，一点点地侵入他人的领土。实际上，只有我们对自己的感受非常敏感时，才能识别这些对我们个人空间的侵犯。因此，当这件"坏事"发生，当我们感到愤怒的情绪时，我们不一定真的知道原因。现在你会明白：即使没有分歧或冲突，愤怒也会因他人侵入你的个人领地而产生。何况亲密关系中的双方往往允许彼此进入私人空间，双方间的边界并不总是很清楚。在前面章节我给出的许多案例中，侵扰的形式是多种多样的。比如母亲偷偷地贴征婚启事，或者母亲瞒着女儿为她找工作。在孩子小时候，很多父母都希望孩子与他们分享个人空间。"你什么都会告诉我，不是吗？不要对我隐瞒任何事情，那是非常不乖的行为。"他们会看孩子的日记，会对孩子的学业选择甚至对伴侣的选择施加令人难以忍受的压力。在两个寻求融合的成年人之间，侵扰是持续存在的。"我们无话不说"，这是他们的典型用语。

愤怒，就像反抗一样，是阻止一切形式侵扰的必备情绪。保护我们的隐私所需要的有时是自信，有时是愤怒的防御性反应。况且健康的愤怒可以被用最平静的方式表达出来，这种平静来自个体对自己权利的自信。我们的整个非语言态度传达了这样一个信息：**私人空间，未经允许不得入内**。孩子越大，就越有权利明确而坚定地拒绝父母的侵扰。长大成人后，这种拒绝成了一种责任，他们要忠于自己、尊重自己。他们应该学会拒绝或设定界限，如果他们愿意的话也可以接受建议，但这要由他们自己决定。当然，这并不等同于宣战，它只是一个保护个人空间的问题。个体设定边界的目的是保护自己不受外界影响，不被他人的情绪、身体、心理、情感或精神上的危险情况所吞没。

我们总喜欢将某种想法强加于人，"我发现你想独自去日本，这非常令人担忧，你最好放弃"；我们也喜欢将某种做事方式强加于人，"如果我是你，我不会这么做"；之后我们试图改变他们的想法，"你不能这样想，你错了，你不知道你在说什么"。我们还喜欢错误地解读他们的感受，"如果我是你，我不会这么伤心，你错了，你知道的"。我们怎么能说自己爱这个人？我们有什么权利？

我们以为自己是谁？我们对对方任何形式的控制都是侵入性的。有些人有一个非常令人不快的习惯，那就是把别人刚开头的话接过来说完，这是一种夺权，这是多么大的侵扰啊！"但这只是为了帮助他，让他知道我理解他"，这真是个糟糕的决定。如果最终这句话由原先的人说完，那么真相就会像刀子一样锋利——对方根本就不是那个意思。

保护自己的领地——避免自己的完整性受到任何攻击，也意味着我们应向自己周围环境中的人解释：自己在某些时候可能想独处或沉默，请对方不要将此理解为生闷气或心情不好的表现。这并不意味着我们不喜欢他们的某些行为，或他们的话语让我们痛苦。我们的领地（心理、精神或情感）代表了我们最深层自我的最后堡垒。当它被入侵时，我们会极其愤怒。坦率点讲，你是怎么忍受别人，即使是亲近的人干涉你的事情的呢？在你看来，其他人是怎么忍受别人问都不问就干涉他们的事情的呢？病态情感依赖患者是最优秀、最有天赋的侵入者，他们对爱的疯狂追求把他们推向了他人的最后防御——个人空间。放弃融合并接受分离将帮助他们摆脱那些对他们来说自发的、侵入性很强的行为。他们已经学会了分清对于童年时期的问题哪些是自己的责任，哪些是父母的责任，他们现在必须清楚地确定什么属于自己，什么属于对方。他们要学习把自己的问题和对方的问题分开，也把自己的情绪和对方的情绪分开，把自己领地里的东西和对方领地里的东西分开。

32岁的玛丽给她的父母写了一封很长的信。"妈妈，我想表达我的痛苦，在过去几周，我们已经到了无法沟通的地步。我要告诉你们一些我以前从未告诉过你们的事情。我的痛苦，是的，它存在。我在一年多前给你写的两封信中更准确地解释了这一点。为了照顾你的感受，我直到现在才寄给你。我认为现在你收到并阅读它们是件好事，我已经把它们加到这封信的信封里了。你从我这里偷走了我的一部分童年。在家里，你们两个人之间的情况太复杂了，以至于我没有空间能表达自己、尝试冒险、发现世界。我一直告诉自己，我唯一的出路是工作，这样我就能得到安宁，你们就不会再拿夫妻和家庭的事来烦我。

"我很痛苦，是的，你们的反应让我处于恐惧的氛围中，我无法安心。我会留意你们回来时车库门把手发出的声音，这或多或少能表明你们的精神状态，而你们的每次脚步声都让我颤抖。尤其是你，妈妈，我从来不知道你是什么状态，我生怕你随时爆炸，不知道是什么原因。我害怕发出太多噪声，害怕自己活着。你们的情绪发作让我不能动弹，我尽我所能不制造任何更多的噪声，不惹你们生气。我觉得自己不得不留在你们身边，因为和朋友们共度时光是不被允许的，特别是对你来说，妈妈，你禁止我在别的地方感到快乐。你说外面的世界很糟糕，我要保持警惕。我成了你们执拗的受害者，我认为你们曾经在依赖我生活。

"爸爸，你有没有想过，孩子们可能需要鼓励，或者在他们成功的时候收获祝福。你知道如何训斥我们，要求我们做得更多，但当我试图寻找你何时曾祝贺我们时，我找不到。你告诉我：你是个完美主义者。一年前，我们试图一起讨论这个问题。你跟我说，你当时对我充满信心，你知道我的学业会'成功'。但是，为什么你这么努力地说服我去上精英学校呢？当我到了另一个学校后，我不得不回到考前预备班，因为这所学校不够好，我不得不再次尝试考精英学校，并一直害怕不会再有同样好的学校了。你知道那段时间我做了多少噩梦吗？难道你不明白我在寻找你的目光、你的鼓励以及我从来都无法得到的认可吗？为什么你觉得我做得总是不够好？当你对表兄弟们温柔的时候，我是多么嫉妒，我想知道我要做什么才能让你对我温柔。为了让你关注我，我愿意做任何事情，但我感觉你似乎没有意识到这一点。教育对我来说是艰辛的，没有感情的，我生活的唯一目标就是进入顶尖学校，确保获得成功的人生。我不记得听你说过：'有一天，你会结婚，那将是一个美好的时刻……有一天，你和你的丈夫一起，会怀孕生子……'

"我似乎没有权利在情感生活中比你们更成功，就像不被允许在职业生活中更成功、赚更多的钱一样。妈妈，你非但没有为此感到高兴，而是感到很糟糕。你是妒忌吗？可是，爱不就是希望对方得到最好的东西，活得充实而独立吗？

"实际上，我根本不可能和你们表达这些，因为你们的争论占据了太多的话语空间。更何况，我就像是你们的人质。妈妈会走进我的房间，几小时都在跟我讲述她的失败婚姻，那些我本不需要倾听和理解的事。而你，爸爸，你考虑更多的是你自己而不是你的孩子，你从来没有要求妈妈放过我，你不但没有保护我，反而依靠我来调节这一切。

"你们的女儿不仅遭受了痛苦，还在遭受你们的辱骂、你们的责备和你们企图进行的情感勒索。孩子们不一定要成为父母的克隆人。通常情况下，父母应该允许他们与众不同，另有所爱，并获得成长。

"你们想见我吗？等妈妈能控制好自己吧。现在我不想再看到她的歇斯底里，对我来说这该结束了。我还请求你们不要再扮演受害者，你们应该像负责任的父母一样行事。顺便说一句，你们是父母并不意味着你们一定是正确的。现在，是时候承认你们的错误了。

"我现在想要的是：（1）你们让我过成年人生活，不要想着控制我做什么；我不想再因为你们的问题、你们的焦虑浪费我的精力；我需要这些精力来建立我作为一个女人的生活。（2）你们不要再表现得像受害者。（3）承认你们的错误，并为你们在我童年时期的伤害行为道歉，受害者是我，而不是你们。

"如果你们想和我见面，就必须同意我的规则。我不太了解你们的童年，但我可以感觉到其中的一些影响，以及它们对我们生活的影响。我很感激你们为我提供物质上的帮助，让我探索了欧洲，为我提供语言培训旅游，为我支付在巴黎的学习费用。说一些或许会让你们感兴趣的事：我克服了饮食障碍，现在什么都能吃，没有恐惧或焦虑；我恢复了健康稳定的生活方式；我有一些好朋友；最重要的是，我和男友在一起很幸福，现在我们分享日常生活时更是如此。"

要实现这种学习，我们就必须把分离的概念具体化，即在每天的生活中发现分离的后果。为了明确领地（自己的和对方的），我们可以想象一个图形。由"桥"连接的两个圆圈代表两个人，更确切地说，代表两个人的个人空间，它们既独立，又被连接在一起。圆圈决定了边界的轮廓，边界是可渗透的，联结仍然存在，沟通也是如此。我经常建议患者想象这些"泡泡"有门窗，里面有把手。他们可以自己决定是坐在窗台上和对方聊天，还是敞开大门邀请对方分享心事……与自己保持良好关系使人能够做任何必要的事来保护自己的领地，而强大的自尊心使人能够界定自己的领地，明确其范围——为自己也为他人——以便在其中获得安全感。这并不是要让他们在自己和他人之间竖起高墙，他们仅仅需要澄清自己的外部边界，多亏还有门窗，它并不会排斥必要的情感滋养。相反，外部边界让人能够感到自己参与了他人的生活，他们还可以决定这种参与的程度，并允许出现意见分歧。人们可以接受不将其他人的情绪"带入"自己的领地，以保持与他们现有感情联结；可以知道他人的情绪但未必要感受它们，因为这不是一种爱的形式。外部边界还可以消除那种"要始终保持正确"的奇怪需求。它不允许他人对你进行评论（除非这些评论听起来很温和），不允许他人在你没有征求意见时批评你甚至是发表恶意言论。

从各种意义上说，门和窗都是朝向对方的开口，是倾听，是关注，而不是想通过某种牺牲精神来承载的负担。只有幼稚的人才把他所珍视的众生"扼杀"在他出于善意但令人作呕的茧中。

> 弗洛朗斯说："我刚从法国南部旅居回来，这期间我不得不记住我是我父母的女儿，某些模式似乎是不可改变的。我认为我和母亲之间已经没有爱了，孝顺的义务是没有快乐的……我又回到了我的位置。我知道在我生命中的某一时刻，我非常害怕，出于简单的本能反应，我求助于那些本应该可以保护我的人，也就是我的父母……我早就知道他们没有能力保护我了。我要解开那个结，迅速地解开。然后说声谢谢，告别，一切到此为止。"

重要的是，我们要在外部边界中找到一个平衡点，兼顾一些可能的冲突：是尊重自己的一致性和完整性还是过度适应他人的愿望，忠于自己还是帮助（一些）其他人。一切都将取决于涉及谁，请求的性质（没有请求的话，就不是帮助，而是"拯救"），投入精力的意愿，以及当时我们有多少精力可用。你可能会问我："那自发性呢？"我想说的是，患者在病态情感依赖中度过了这么多年，处于这种情况下，他们有时不得不花一些时间去思考，因为他们的自发性真的对他们做了太多恶作剧……况且只要他们想象自己必须帮助某人，就不可能有真正的同理心，他们将暂时通过对方的眼睛而非自己的眼睛来看清形势，从而理解对方，这意味着患者将摆脱自我中心，与他人"连接"。

病态情感依赖者现在已经走出了对现实的否认，他们成功地与自己和他人建立了良好的关系。他们现在将迈向情感成熟。

迈向情感成熟

多亏了他们的努力，患者已经成熟并长大了。他们进入了成人期，而在此之前，他们一直在无意识地拒绝进入成人期，他们被幻想蒙蔽了，这些幻想掩盖了必须为自己的生活负责的巨大恐惧。他们留下的是他们已经能够修复的一部分过去。尽管它带来了所有的痛苦，尽管它的影响在很长一段时间内使他们偏离了自己真正的人格，但最终他们还是接受了它。他们知道，自己不能再为了徒劳地寻求认可、赞许或爱而忽视自己内心的平静、一致性或完整性，今后他们不会再仅仅根据别人对自己的看法赋予自己任何价值。

承担对自己生活的责任

成年个体的特征是知道如何掌控自己，承担自己的思想、欲望、情感（当下所有的欲望和所有的情感）以及如何表达它们。个体特征还包括承担自己的行为及其对自己和他人的后果。我要强调一个事实，即患者能够对他们如今的感受负责，但他们不对过去的感受负责，他们要负责的是今后对过去的感受采取什么样的态度。这意味着：他们能够进行反思以及发展自我意识；知道自己想要什么和感受到什么，认识自己的需求（无论是情感上还是情绪上）不会总是得到满足，或者需要必须被延迟；能够给予其他人同样的自由来做他们自己；放弃为了自己的利益而"利用"他人，关心他人的真实情况，以便更好地了解他人；如果他人能够并且愿意提出帮助或请求支持，自己应作出回应；即使有时会很痛苦，要接受自己会令人失望、令人不高兴，会不被人爱，并不因此觉得被抛弃；即使不是所有的梦想都实现了，也依靠自己来赋予生活意义，既保持独立又保持联结；能够识别各种不恰当的行为的积极功能——动机、恐惧或要满足的需求，而不是在最微不足道的"受挫"中贬低自己；给自己犯错的权利，而不是责罚自己；相信自己：倾听自己的情绪，识别并命名它们，理解它们的信息；知道如何依靠自己的潜在能力，偶尔依靠自己的极限。

　　除了上面这些，个体特征可能还包括更多：为自己的生活负责，决定依靠自己，尊重他人，知道如何在必要时接受他人的帮助和支持；知道如何保护自己的外部边界并考虑到他人的边界；把自己视为一个完整的人，自己与其他人一样重要；愿意对自己所经历的事情承担责任，不把自己的不幸归咎于整个世界；在对他人造成的伤害中，愿意承担自己的那份合理的责任，能够弥补过错或为此道歉，反之亦然；了解沟通的反馈环，意识到自己的行为对对方的影响，人们通过自己的行为，可以发现对话者最坏的一面和最好的一面，人也有责任适应或不适应对话者，并因此承担后果，反之亦然；接纳个体不可能远离真实的自己，以及人可以在一生中不断发展的理念；牢牢记住我们是可以重新养育[1]内在小孩的，人总是可以安慰自己的；我们还要记住，回应融合的欲望是有害的，因为这种欲望在困难的时期将不可避免地重新出现，个人应对自己和自己的生活负责。我们也必须承受这样的现实：是我们在建设自己，而且在大多数情况下，是我们在构建自己的生活，无论好坏都是如此。

你已经见过亚尔钦对爱情的恐惧以及他痛苦的童年。现在他想过自己的"真实"生活，他不想再多过一天与女友待在一起、备受折磨的日子。

"我要逃跑，我不想再属于她，我不想成为她的出气筒或替罪羊，我不想再忍受她对我无休止的控制。我的生活就像一本没有装订好的书，我把书页的顺序弄乱了，但我想把它们放回去，把书重新组装好。我不会再听她的判断和批评了，我

---

1 重新养育（reparentage）是图式治疗中使用的一种工具，旨在为内在小孩提供必需的资源以满足其童年时期未被满足的情感需求。——译者注

不想再做她的受害者了，因为我正在发现我是谁。我太依赖她的想法和判断了。她只会给她的承诺冠名，却不会行动。我不再顺从她，我觉得能说真话感觉很好。通过与女友谈论我的痛苦，我获得了自己的生活。拥有不快乐童年的不是只有她一个人。今天，她试图解决我的问题，但我没有要求她做什么。我拒绝她扮演我曾演了这么久的受害者角色。我重新拥有了自己的生活：我曾经把时间给了别人而不是照顾自己。很长一段时间以来，女友通过自杀要挟我，让我留在她身边，并宣称我没有其他的任务，除了给她带来幸福！但我正处于一场革命中，我终于能说我不再同意，我现在会对她说'不'了。

"当我初遇她时，我精神很好，喜欢跳舞。后来，我失去了出去见人的欲望。我不再想跳舞了，也不再做运动了。我成了一个'家里蹲'，悲伤又孤独。爱情就是一个万丈深渊，让我感到非常害怕！我的父母很愿意接受我与他们保持距离。他们终于把我当成一个成年人看待了，他们不再试图让我感到内疚。以前，我相信我必须拯救世界，成为家族中的佼佼者，成为家人的骄傲，如今这个梦想已经不存在了。女友的爱是如此自私，我以前没有意识到这一点，我太信任她了。我在蒙蔽自己：我接受了她用爱蒙上我的双眼，我因此忍受痛苦。下班途中，离家越近，我的感觉就越糟糕。不久前，我鼓起勇气告诉她，我想到她会成为什么样的母亲就感到害怕。无论如何，我们不会有孩子。五年多来，她一直在说孩子的问题，而我拒绝了她。我还在给自己时间，但我知道我和她的生活正在结束。"

对自己负责也意味着愿意在面对权威人物时变得自主，尽管他们有些"可怕"。权威人物首先是自己的父母，即使你会让他们不高兴，会让他们不安，他们也可能不会改变，但你和他们在一起时的态度，或与他们沟通时的态度（已经改变），会让他们知道你不再是一个可以被强迫和控制的小孩子。虽然你永远是他们的孩子，但你现在是一个已经长大的孩子，正以成年人的方式行事。只要他们健康强壮，你就不欠他们什么。如果你对他们有好感，就根据感情重要程度对待他们，并接受对等的条件：他们也不再欠你什么。如果感情已经破裂，还剩下什么呢？你应有意识地予以分析和考虑。在任何年龄段都请保持清醒，重复唱悲伤的歌毫无意义。做到所有这些的同时你要牢记：欲望往往过于苛刻，而愿望则更为灵活。你在表达一个愿望时要知道，即使它是现实的、可实现的，它也可能被推迟，或永远不会被满足，甚至……不被允许，这取决于你是谁以及你的人际氛围。

瓦妮莎，34 岁。"我的男人，我们已经在一起生活了 5 年，有时我觉得我不再知道作为一个女人意味着什么了。你的自我中心让我感到绝望。我已经想尽一切办法让你明白，夫妻之间不是这样的。你只想着你的快乐，好像我是一个玩偶……我感到自己在被剥削，从物质上、心理上和情感上。在我们的生活中，一切都围绕着你，我们彼此之间的距离是如此之远！这些年来，我一直害怕你，你的话语、你的目光、你的手势都是如此伤人，它们经常伤害我……你责备我变胖了，你批评我的品味、我的思维方式。渐渐地，我在你身上发现了一个自以为是、精英主义、爱慕虚荣的小暴君。你总是咄咄逼人，让人难以忍受。我花了整整一个晚上和你谈话，向你解释，但你不理解我，你不在乎。仿佛没有什么能触动你。有时你让我害怕，我觉得你准备打我了。我更喜欢独自生活，我需要靠它寻找自我。我在学习期间独自过了这么多年，我已经习惯了。而现在，这就是我的选择。我要离开你了，仅是写下这些话就让我感觉好多了。"

让–保罗·萨特（Jean-Paul Sartre）[1]说："我们注定是自由的。"这就是自我责任的含义。这是一种非常可怕的自由，病态情感依赖者尤其不想接受这种自由，他们逃避它。他们意识到，现在是时候正视这种自由了，是时候敢于冒险面对它以及它所带来的所有犹豫、怀疑、尝试和错误了。自由并不意味着想做什么就能做什么，即使这就是我们生活在"梦幻岛"上的方法……就算"梦幻岛"真的存在，也不在我们这个古老的地球上。相信自由，就是相信我们的命运属于我们自己，或者相信有一种宿命会把我们的脚步引向

---

1 法国文学家、哲学家，存在主义代表人物。——译者注

我们不希望的地方。我们不是木偶，我们有自由意志，我们有能力分析和思考。当然我们也不是万能的，神奇思维的奇迹只属于儿童……自由意味着拒绝停留在无知的状态。

对自己负责，就是知道如何给予自己足够的关注，而不是像纳西索斯[1]那样沉溺于镜子。我们要了解自己的真正需求，无论是身体方面的（关心自己的身体、爱惜它、照料它），还是物质、情绪、情感、精神等方面的。了解我们真正需要的情感营养（我们的基本需求），并确保自己得到满足，这一点也至关重要。这也适用于所有其他的需求，我们要竭尽所能并保持现实。请放心，这永远不会阻止你做梦。重要的是不再混淆梦想和现实，知道如何区分什么时候在做梦，什么是现实生活。

自己对自己负责包含着对自己的不同看法，因此也包含着新的行为、新的态度。没有这种改变的意愿，不抛弃对自己有害的习惯，就不可能有自由。所有领域都是如此。正如我们有必要从不同的角度看待世界和世界中的自己，以修改在困难时期赋予其的意义。这种看待事物的新方式，这种前所未有的意义归属，将给患者的生活带来转变。他们的优先事项被改变，他们的选择、决定、生活方向以及他们的计划也将不再相同。

贝尔纳在治疗后说：我发现我有欲望但不害怕它们。我设

1　古希腊神话人物，象征着自恋。——译者注

法在保持平静的同时肯定自己。小时候，当我说喜欢看鸟时，总是被人嘲笑……现在我决定每周五午休时去看鸟。总之，很简单，我只需要做决定就够了。此外，人们也不再嘲笑我了，或者是我没注意，因为我不在乎。我不再为我自己、为我的外表、为我是谁而感到羞耻。我学会了说"不"（对我来说还不够，但总比以前好），我学会了在我不同意或生气时表达出来。我不再把自己封锁在沉默中。有时，我近乎处于无忧无虑、轻松无比的状态！我以前不知道这种感觉……

　　我曾经害怕每个人，但现在我在工作中发现，我非常喜欢主持研讨会和工作小组会。人们会到我这里来……我报名参加了一个绘画课程，这太棒了……我不再生病，睡得很好。我说出我的想法和感受，这是最困难的事，但我乐在其中。我真正存在着！

在治疗接近尾声时，知道自己是自由的，可能会让患者感到害怕，因为他们会有一种不真实感。他们不再像治疗开始时以为的那样无助，他们自己可以离开受害者的角色，而不必担心成为他人眼中的透明人。由于滋润的关系生活，他们可以弥补一生中固有的孤独感，这是只有情感成熟的人才能体会到的现实。之后，他们会接受这种孤独感。他们应该为自己开发出所有蛰伏在生命深处的潜能，而这需要他们努力，他们无疑会经历失败，但也会经历让他们感到自豪的成功。最终，他们将成为努力的第一批受益者。他们将会为生活给他们带来的一切而欢欣鼓舞（同时接受他们并没有得到满足的事实），并且不再只考虑他们不曾拥有、不曾经历、不能做的事或永远不会成为的样子。他们将利用他们本身存在的内疚（没有更早发挥全部潜力，长期忽视自己）作为跳板，进一步清醒地认识自己，认识自己能做什么，能体验什么。患者现在意识到，他们既要为自己赋予生活的意义和充实生活的事件负责，也要为自己过这种生活的行为负责。这在他们的治疗中是至关重要的，因为这有助于消除他们对自己的不诚实导致的内疚所带来的绝望情绪。

我想用这段引文来结束本节，在我看来，这段引文完全概括了本章的内容。"人的存在不仅是被赋予的，也是对人的要求。人要对存在负责。从字面上意义上讲，人必须能回答他自己做了什么，质问他的人就是站在他面前的法官。这种情况会带来焦虑，这是源于内疚的焦虑，是对自我否认或谴责的焦虑。个体被要求在这些限制内使自己成为应该成为的人，也就是说，完成自己的命运。在任何精神上自我肯定的行为中，人都为完成自己的命运，为实现自己的潜在自我做出了贡献。"

患者成熟了、成长了，成为有责任感的成年人，于是便准备好进行爱情的冒险。

敢于真实地爱

对邂逅的渴望源于对未来的投射。一次真实的相遇意味着放弃了诱惑和顺从，放弃了对对方的控制和"利用"。放弃诱惑意味着已经意识到自己是有诱惑力的，这样会为存在留下空间。这也产生了差异，定性差异。放弃顺从就是拒绝屈服于对方对自己任何形式的夺权，拒绝被对方操纵、利用。真实的相遇是冒险暴露自己，展示自己的本性，且并不总是被"认可"，这并不意味着自己不讨人喜欢（"可爱"这个词的本义），而仅仅是那个人不喜欢自己。况且当人不喜欢自己的时候，试图取悦将变得徒劳。真实的相遇也意味着准备好倾听，对面前的人和构成他的一切都感到好奇。不然，我们怎么能发现他的本性，怎么能了解他，并在此基础上，而不是在害怕孤独的基础上创造出真正的吸引力呢？要做到这一点，我们必须花些时间……这是能给对方和自己的最好礼物，也是给爱的最好礼物。我们也要确定自己有不爱的自由，这是一种新的自由，将赋予爱美好的品质。

　　人类的感情有一种令人不快的混合倾向，这让我们非常沮丧。我们并不总是那么容易区分欲望和对对方的需求。对分离的恐惧本身绝对不是爱的标记，就如同共生依赖和病态情感依赖。不要忘了那种奇怪的并非真爱的形式，它希望我们因为被爱而去爱……然而，对对方的需求只存在于对对方的爱中，当"我需要你，因为我爱你"这个因果逻辑被颠倒为"我爱你，因为我需要你"时，爱就不再是爱了。顺便说一句，在友情和爱情关系中都是如此。人们需要先了解对方再欣赏对方，如果没有这种了解，即使有了早期阶段的部分了解，人们也无法进入爱（在这个话题上，我不喜欢用"坠入爱河"这个词）。当然，根据鲍里斯·西吕尔尼克（Boris

Cyrulnik）的说法，人们能够去爱，能够感受无法抗拒的吸引力。这种爱的感觉只是从相互了解中产生的爱的前提。正如我所说，爱需要好奇心，但也需要时间，需要大量的注意力和真正的倾听能力，我们要全神贯注地倾听。我们不能把不那么喜欢的东西放在一边，不能把它最小化，更不能把它作为"免责条款"，当然这也不是绝对的，这完全取决于它是什么。这种对对方如其所是的开放（没有先入之见或预先假定），渐进揭示了我们的自我渴望。同时我们也要知道，"爱"这个动词并不是"拥有"的同义词……

真实的爱是由什么组成的

伴侣双方都觉得自己对这段关系负有责任，并热衷于保持警惕，这样才能保护好这段关系，因为他们知道成熟的爱情是一种与世界联系的方式，且非常特别。那么成熟的爱是由什么构成的呢？

- 爱、眷恋、无私温柔的情感：这是建立感情关系的基础。
- 尊重：尊重自我和对方的本性，包括身体、心理、情感情绪、精神心灵等各方面。尊重对方的独一无二和不完美，即愿意不断了解对方，了解其成长变化和内心愿景。
- 信任：这是自我表达、自我表露的基础必要条件。
- 帮助、支持和关怀（有时甚至包括对对方的担忧）：这让人能竭尽所能地从各方面给予鼓励和安慰，让同理心和同情心有正确的安身之处，让人自豪于对方、自我和被爱的事实。

- 主动去爱去付出的意愿和快乐（而非消极的等待）：爱的动力不应是通过对方的爱来感受自己的存在，而是在付出的喜悦和积极的行动中感受自己的存在。真正的慷慨在于知道如何努力，真正的无私因不期待任何回报而更加珍贵。
- 形式多样的愉悦：包括精神、感官、情绪、心灵等各方面。
- 共同责任：这种责任与互惠存在于关系的方方面面，且必然伴随着对对方和自我发展变化的清醒认识，因为一切生命体都处于变化之中。
- 热情：源于爱，和对关系顺利发展的渴望。

　　成熟的爱培养了个人成长的渴望——期待对方和自己的成长，因为成熟的爱允许无私的情感交流在不断扩大的螺旋中开展。

　　渴望真实的相遇意味着明白圆满的爱是一种结合，要求维护完整性和个性的结合。爱的悖论在于，两个存在合二为一，但又仍然是两个，这个悖论是两个独立又联结的存在之间产生真正亲密关系的首要条件。患者能意识到他们自己能提供给对方的东西是有限的，对方能给予他们的东西也是有限的。绝对的渴望在人类现实面前逐渐消失，人类容易犯错，又受限制，但在这些限制内，人类可以成为真正的宝藏，成为奇迹的主体。当爱意萌生是无意识的，或是在意识真正发觉它之前，那它是完全反对以自我为中心的。爱允许你有时从自己身上抽离出来，为对方付出时间，关心对方的现状、其内心深处的渴望、想法和向往。通过这种方式，对方感觉到自己正以最美好的方式被倾听、被理解、被尊敬。而自我中心主义只关心自己对对方的渴望，渴望对方成为你想要的样子，而不是现在的样子。

真实而圆满的爱让患者看清对方是谁，而童年的恐惧和幻想所设下的迷雾在爱情初期几乎消失了。我说"几乎"是因为这种进入爱的方式会消除恐惧，这指的是出生时经历的分离，以及我和你的"出现"导致与母亲融合的结束。如果这些分离是顺利的，并且不管怎样分离，孩子也会一直被爱着，那么刚刚起步的爱情就不会（或很少）经受这种恐惧。但是，大多数患者在探索爱的同时，也会面临这种分离焦虑的回归，这让他们失去安全感。这并不意味着他们应该转身离开，他们不能这么做。在治疗期间，他们已经能够在过去和现在、现在和未来之间建立边界，他们能够将这种焦虑"放置"在他们的过去生活中，他们不会把它投射到自己的未来。

在治疗过程中，通过发现隐藏在阴影中的东西，患者学会了善待自己（而不是松懈），他们对自己的宽容鼓励他们对他人采取同样的态度。他们意识到，对方的爱并不具备修复自己情感缺陷的功能，也不具备治愈众多伤口的功能，无论是自信、自尊还是自恋都不能。他们放下幻想，这些幻想曾导致他们把基于融合的所谓"浪漫"之爱，或基于恐惧和自我厌恶的依恋与真正的爱混淆起来。他们了解到，他们不能在爱一个人的同时期望他成为另一个人。在我和你之间，没有目标，没有欲望，也没有预测；当愿望从梦想中的形象转变为现实的形象时，其本身也会发生变化。一切手段都是障碍。当所有的手段都被废除时，人们才会真正有爱的相遇。

敢于拥有真实的爱情，意味着敢于经历一场奇妙的冒险。希望和愿望为共同克服生活中的挫折和困难提供了必要的勇气。我们有必要补充一句：希望和愿望是值得的，而冒险永远是可以做到的。

在结束本书之前，我想与大家分享一下作家阿摩司·奥兹对其祖父的爱情艺术的优美赞颂。

他没有假装客气，而是在咬牙切齿。

他没有打断对方的话且不耐烦地替她把话说完。

他没有打断她，也没有插嘴归纳她的想法，以转移到另一个话题。

他没有让她讲空话，以趁机在脑海中盘算自己要如何作答。

他不是在假装饶有兴趣或感到快乐，他是真的如此，他的好奇心是无法满足的。

他对他的对话者很感兴趣。他喜欢等着她，即使她慢吞吞的，他也很有耐心，喜欢她的来来去去。

他不唠叨她，也不催促她。他让她说完，然后，他并不着急，而是让这种快乐持续下去。

还会有什么要补充的吗？万一她要再发一通感慨呢？

他喜欢让她拉着自己的手，按照她的节奏引导自己。他很高兴可以为她保驾护航，就像笛子为旋律伴奏一样。

他很高兴能理解她。他打听消息，了解更多她的情况，他想更彻底地了解她。

他喜欢奉献自己，她全心全意地与他交谈，向他倾诉最亲密、最隐私的细节，他坐在那里倾听，他是智慧的、温柔的、满怀同情的和有耐心的。

他带着愉悦和感动。

他很有分寸，从来不算计，从来不攫取，也从来不急于求成。他喜欢扬帆远航，但从不匆忙抛锚。

总结

在本书的结尾，我想强调的是，通过心理治疗，我们有可能将自己从病态情感依赖这个难以忍受的束缚中解脱出来，重新获得自我控制权，并最终体验与他人既丰富又充实的关系。在与自己和解之后，因为减少了对自己的关注，我们也有可能赋予自己的生活更多意义。我们出于好奇而向他人和世界敞开心扉，展示自我，并根据自己内心的价值观和愿望，更多地参与到我们周围的生活中。因为"生命的意义在于我们有机会产生或奉献超越我们自身的东西"。

我坚信，患者将会发现他们身上自幼年以来一直蛰伏的东西：善良。尽管他们长期以来一直被误导，以为善良是他们的追求。善良是人类最美好的品质之一，我经常看到善良在亲近的人身上发挥作用，我总是对此感到惊奇。这种善良不引人注目，非常低调，它由持续的专注倾听组成，它由让每一天都焕发光彩的小举动组成，它由微笑和甜蜜、温柔的幽默和关注组成；它或喜或忧，取决于环境，但无论发生什么事，它总是在；它由一些小小的仪式组成，比如快乐的惊喜、知心的眼神和漂亮的话语；它是共同流下的眼泪和简单的欢乐；它的根源在于一种利他主义；它让人能在必要时忘记自己的需求，满足明显但难以表述的帮助请求，而不要求对等的回报；它也是由信任构成的。

　　它既不干涉，也不需要控制；它尊重秘密，不强求信任；它知道如何等待给出安慰、鼓励、支持和重视；它在错误和笨拙面前宽容、仁慈而温柔；它知道如何在不严肃的事情上大笑，如何在痛苦中哭泣；它知道如何辅助、支持计划，使人对爱好和欲望感兴趣；它知道如何奉献自己的一切，带着快乐和智慧、机敏和细腻；它从不要求什么，不要赞美，也不要恭维，但知道如何接受；它尽职尽责，没有多余的和花哨的东西；它对对方的承诺是含蓄的；它从不需要大肆宣扬，它只要存在就足够了，我们只要本能地对它有信心就足够了；它是自由的；它不是慈善，它是善良。它确实如此，而这正是它存在的最好理由。

致谢

我热忱地感谢所有本书中出现的人。为了保护个人隐私，我在此不提及他们的名字，但我想说，非常感谢他们的信任。我还要感谢所有在我写作的过程中鼓励我、支持我、启发我的人。

版权声明

Vaincre la dépendance affective. Pour ne plus vivre uniquement par le regard des autres

By Sylvie Tenenbaum

ISBN:9782226217653

Copyright © Éditions Albin Michel, 2010.

Simplified Chinese edition arranged through Dakai-L'agence.

The Simplified Chinese translation © 2023 by Posts & Telecom Press Co.,Ltd.

All rights reserved.